RAYMOND ARON, PENSEUR DE L'EUROPE ET DE LA NATION

P.I.E. Peter Lang
Bruxelles · Bern · Berlin · Frankfurt am Main · New York · Oxford · Wien

EUROCLIO est un projet scientifique et éditorial, un réseau d'institutions de recherche et de chercheurs, un forum d'idées. EUROCLIO, en tant que projet éditorial, comprend deux versants : le premier versant concerne les études et documents, le second versant les instruments de travail. L'un et l'autre visent à rendre accessibles les résultats de la recherche, mais également à ouvrir des pistes en matière d'histoire de la construction/intégration/unification européenne.

La collection EUROCLIO répond à un double objectif : offrir des instruments de travail, de référence, à la recherche ; offrir une tribune à celle-ci en termes de publication des résultats. La collection comprend donc deux séries répondant à ces exigences : la série ÉTUDES ET DOCUMENTS et la série RÉFÉRENCES. Ces deux séries s'adressent aux bibliothèques générales et/ou des départements d'histoire des universités, aux enseignants et chercheurs, et dans certains cas, à des milieux professionnels bien spécifiques.

La série ÉTUDES ET DOCUMENTS comprend des monographies, des recueils d'articles, des actes de colloque et des recueils de textes commentés à destination de l'enseignement.

La série RÉFÉRENCES comprend des bibliographies, guides et autres instruments de travail, participant ainsi à la création d'une base de données constituant un « Répertoire permanent des sources et de la bibliographie relatives à la construction européenne ».

RAYMOND ARON, PENSEUR DE L'EUROPE ET DE LA NATION

Giulio De Ligio (dir.)

Euroclio n° 66

Ce livre a bénéficié du soutien
de la Société des Amis de Raymond Aron

Éditions scientifiques internationales
Bruxelles, 2012
1 avenue Maurice, B-1050 Bruxelles, Belgique
pie@peterlang.com ; www.peterlang.com

ISSN 0944-2294
ISBN 978-90-5201-826-3
D/2012/5678/28

« Die Deutsche National bibliothek » répertorie cette publication dans la « Deutsche Nationalbibliografie » ; les données bibliographiques détaillées sont disponibles sur le site http://dnb.de.

Table des matières

Troisième partie
Les nations européennes à l'aube de l'histoire universelle : situations et dimensions

Annexes

Avant-propos

Permanence de Raymond Aron

Pierre MANENT

Plus le temps passe, plus la pertinence des démarches et des analyses de Raymond Aron se confirme au lieu de s'estomper. Parce qu'il a été le commentateur inlassable des événements, parce que ses livres ont souvent répondu à des situations bien différentes de la nôtre, on a pu penser que son œuvre, à l'exception bien sûr des grands ouvrages théoriques, perdrait de son mordant avec l'éloignement des circonstances qui lui avaient donné naissance. C'est le contraire qui se produit. C'est de nous et donc à nous qu'Aron parle encore. Nous avons pu le vérifier une fois de plus lors de cette journée d'étude sur « Raymond Aron penseur de l'Europe et de la nation » dont voici les actes.

La première raison de cette permanence d'Aron tient à la permanence du politique. Les hommes, les situations, les circonstances changent sans cesse, mais en les saisissant sous l'angle politique, Aron les saisissait par leur aspect permanent. Son attention à l'événement ne relevait pas d'un goût pour le changement ou d'une faiblesse pour l'actualité, mais d'un intérêt passionné pour la vie politique et la nature politique des hommes. Le critère du jugement sur les choses humaines était pour lui immanent au politique. Est raisonnable en politique ce qu'un homme raisonnable ferait compte tenu des circonstances. Proposition qui semble tautologique, mais on en éprouve la validité dans l'analyse des cas concrets, analyse conduite par Aron chaque jour pendant quarante ans. À chaque moment, il y a une configuration des choses politiques qui, si elle ne dicte pas la réponse du citoyen ou de l'homme d'État, détermine l'arc ou la palette des réponses raisonnables, c'est-à-dire à la fois prudentes et justes. En ce sens, Aron était aussi peu wébérien que possible. Il accordait, c'est-à-dire il s'accordait très peu de latitude dans son « rapport aux valeurs ». C'est l'observation attentive des faits par un homme juste et prudent qui conduit à suggérer la politique juste et prudente. Il n'avait nul besoin du « supplément d'âme » que tant de contemporains étaient si impatients de lui apporter. Penser l'action juste et prudente, c'était assez.

De cette moralité des faits témoigne la posture d'Aron dans la « question européenne ». Il est facile d'être « nationaliste », il est facile d'être « européiste », et dans les deux cas de mobiliser emphatiquement les « valeurs » en disqualifiant l'autre parti. Il est impossible de caractériser d'un mot la position d'Aron. C'est une même configuration de faits qui tient ensemble les vieilles nations affaiblies et la nouvelle organisation européenne à la vigueur incertaine. Au moins ne commençons pas par effacer la moitié du réel qui nous incommode ! Aron se tient sur cette ligne de faille qui sépare et joint les nations et l'entreprise européenne, il sonde les deux protagonistes, il les teste, il s'efforce d'évaluer ce qu'il y a de fondé et ce qu'il y a de chimérique dans leurs ambitions respectives. C'est d'un arbitrage permanent qu'il s'agit, et qui n'autorise pas de « relevé des conclusions ».

On peut bien sûr rassembler quelques propositions qui encadrent la perspective d'Aron sur la question qui nous occupe. D'une part, sans voir nécessairement dans la nation le chef-d'œuvre de la civilisation qu'y avait vu par exemple Marcel Mauss, Aron regardait la nation comme un cadre légitime d'action qui réclamait justement l'adhésion des citoyens, surtout à l'époque moderne où il n'y a de légitimité durable que démocratique. Qu'était après tout la révolution hongroise qui impressionna tant Aron sinon le mouvement d'un peuple qui voulait vivre « nationalement » ? C'est cette conviction qui forme la base de son adhésion de principe à la Ve République. S'il fut un critique très vigoureux de nombre d'aspects de la politique du général de Gaulle, il en partagea toujours ce qu'on pourrait appeler l'axiome principal : la France est une aventure qui mérite d'être continuée. Mais d'autre part, soucieux, dès la fin de la guerre, de la réconciliation avec l'Allemagne, sa sympathie était acquise à l'entreprise de réunir les nations européennes. Ces dispositions, complémentaires plus que concurrentes, qui sans doute furent largement partagées par ce qu'on pourrait appeler le « centre raisonnable » de la politique française, ne suffisent pas cependant à livrer le caractère propre de la position d'Aron.

Comme le remarque Agnès Bayrou dans son étude si judicieuse, Aron est très sensible à l'embarras de ses contemporains lorsqu'il s'agit de « parler politiquement de l'Europe ». Cette difficulté épistémologique, si j'ose dire, est révélatrice de l'indétermination politique du projet européen. Si la question européenne ne parvient pas à animer la conversation civique des Européens dans leurs diverses nations et entre celles-ci, sinon sous une forme ritualisée ou alors simplement technique, ce n'est la faute de personne, sinon de la chose même, c'est-à-dire de l'Europe comme chose politique qui ne parvient pas à se faire enjeu significatif pour les citoyens européens. En dépit des progrès annoncés de la construction européenne depuis la mort d'Aron, la situation présente justifierait, je crois, le même diagnostic. Tout en affirmant emphatiquement le contraire, tout le monde agit, et au fond pense, comme si le rapport entre les nations et l'Europe était un jeu à somme nulle, signe encore une fois que nos sociétés ne sont animées par aucune « énergie politique » proprement européenne. Entre la « construction européenne » et la vie des nations subsiste indéfiniment ce hiatus dont on annonce incessamment la disparition.

Un couple de notions, introduit par Aron pour penser en général la politique moderne, permet d'éclairer cette interminable déception qui accompagne l'espérance politique européenne. Il s'agit du contraste entre le *drame* et le *procès*. Le procès, c'est le changement qui, une fois mis en train, échappe largement à l'action politique des hommes et dont ceux-ci ne peuvent qu'essayer de faire le meilleur usage. Le drame, c'est l'action résultant des vertus et des vices des hommes, et exposée aux chances et aux risques de la Fortune. Les Européens semblent avoir confié au procès ce qui, compte tenu de la nature des choses politiques, ne pouvait résulter que du drame, c'est-à-dire d'une action délibérée, audacieuse et risquée, de fondation politique. On escompte qu'au terme indéterminé d'un accroissement quantitatif des appareils européens surgira une Europe politique aussi armée et vaillante que si elle avait été fondée. Or, plus on espère et attend, plus le processus se développe, plus les règles se multiplient, plus les conduites leur sont rigoureusement soumises, et plus l'ensemble du mouvement européen prend les caractères d'une machine de moins en moins capable d'action véritable. Si une Europe politique était en principe possible, et sur ce point Aron suspend son jugement, c'est immédiatement après la guerre qu'était la fenêtre d'opportunité : « Une entreprise aussi révolutionnaire que la création d'un lien fédéral entre des États, depuis des siècles souverains et souvent ennemis, exige une situation exceptionnelle, une disponibilité des peuples, une élasticité des structures[1]. »

Si les Européens montrent peu de goût pour le « drame », c'est-à-dire pour l'action politique au plein sens du terme, c'est parce qu'ils regardent le monde en spectateurs. C'est un point qui frappa Aron très tôt, et sur lequel il ne cessa de revenir dans ses analyses. Après la fin des empires coloniaux en tout cas, la discorde entre Américains et Européens n'était point d'abord causée par des divergences sérieuses d'opinions ou d'intérêts, mais par une divergence moins aiguë mais peut-être plus insurmontable de point de vue sur le monde : les Américains agissent, plus ou moins judicieusement, mais enfin ils agissent, tandis que les Européens pour l'essentiel les regardent agir, et commentent le spectacle.

---

1 Aron, R. (avec Lerner, D.), *La querelle de la CED : essais d'analyse sociologique*, Paris, Armand Colin, 1956, p. 212.

Ce qu'on pourrait appeler l'idéologie européenne, dont Aron n'a pu voir que les commencements, consiste au fond à généraliser le point de vue du spectateur. Cela risque de conduire à de graves erreurs de jugement sur le monde, car, si l'on n'a pas une ferme intention d'agir, on manque du principal motif qu'aient les corps politiques de s'efforcer de connaître. Le rapport que les Européens entretiennent désormais avec le monde n'est sans doute pas pour rien dans le déclin de leur fortune sur la scène internationale. Ce qu'Aron n'eut pas l'occasion d'observer, c'est qu'à partir des années 1990, ce point de vue devint celui que l'Europe jette désormais sur elle-même et sur son histoire : spectatrice revenue de tout et bien décidée à ne rien faire qui implique le moindre risque d'aucune sorte, elle regarde sa propre histoire comme une suite consternante et incompréhensible d'actions violentes et injustes, dont elle ne se lasse pas de se dissocier. Si Aron fut parfois tenté d'envisager une possible « décadence » européenne, notion dont il n'ignorait pas l'encombrant pedigree, c'est en raison de cet abandon par les Européens de leurs responsabilités politiques.

Nous nous tenons encore en ce point où se tenait Aron, sur cette ligne de faille qui sépare et joint l'Europe et ses nations. Nous ne ferons pas le saut vers l'Europe unie. Nous l'aurions déjà fait si nous devions le faire. Mais nous ne reviendrons pas non plus « chez nous », vers les vieilles nations splendides et solitaires. Il nous reste à méditer cette aventure une et plurielle, qui est plus grande qu'aucune nation, mais qui n'a pas d'existence hors de ses membres nationaux. Quant à l'action future, la seule chose que l'on peut dire, c'est que l'Europe est sans avenir si les Européens ne désirent plus poursuivre leurs aventures nationales, et que les nations européennes vont au-devant de grandes douleurs si elles se révèlent finalement incapables de conduire une action commune. Notre situation, dont la précarité n'échappe à personne, réclame dans les citoyens et les hommes d'État une sorte d'impartialité supérieure. Par ses écrits comme par la teneur de sa conduite, Raymond Aron peut nous aider à acquérir cette rare vertu.

Présentation

La politique digne de l'Europe : l'actualité de la leçon aronienne

Giulio De Ligio

Cet ouvrage réunit les actes de la journée d'études qui s'est tenue le 7 juin 2011 à l'amphithéâtre François Furet de l'École des hautes études en sciences sociales de Paris sous l'égide de la Société des Amis de Raymond Aron et du Centre d'Études sociologiques et politiques Raymond Aron (CESPRA) de l'EHESS.

Il s'agissait d'éclairer, conformément à une tradition annuelle de la Société des Amis de Raymond Aron, une importante question contemporaine – ou, ce qui revient au même, un problème permanent de la condition politique des hommes – à la lumière de l'œuvre aronienne. Aussi cette démarche et le choix du sujet de l'année 2011 – « Raymond Aron penseur de l'Europe et de la nation » – ne demandent-ils qu'une courte présentation.

Penser Raymond Aron, ce n'est pas un exercice réservé aux historiens spécialistes de l'étude du XXe siècle. Éducateur dans la salle de cours et sur la place publique, Aron a invité toute sa vie à entrer en dialogue avec les grands esprits du passé pour se protéger de la médiocrité et pour exercer son jugement devant les drames et les alternatives, les ombres et les lumières qui font l'aventure humaine. Son œuvre développe ce dialogue, elle se révèle une mine pour qui cherche à s'orienter dans l'actualité politique, ou entend se comprendre mieux soi-même. Le colloque organisé par la Société des Amis de Raymond Aron vise à renouveler chaque année les questions que la pensée aronienne ne cesse de poser et à prolonger la discussion autour de ses réponses et de ses démarches, de sa lettre et de son esprit.

L'investigation de la forme politique propre à l'Europe qui a fait l'objet du colloque de juin 2011 se voulait en un sens classique, elle s'est finalement révélée urgente. La crise « multiforme » qui ébranle de nouveau la « construction européenne » paraît contraindre les nations européennes à sortir de leur incertitude, à donner un nom à leur entreprise commune, c'est-à-dire à expliciter leur nature politique. Encore une fois, le « procès » historique – ou la mondialisation – ne paraît pas suffire à réconcilier l'humanité et à satisfaire les nations européennes. Les corps politiques sont encore appelés à relever les défis du siècle, à délibérer sur les choses du monde.

C'est une leçon qu'on aurait pu trouver, sans attendre les dernières crises, dans l'œuvre aronienne. Après avoir démasqué sa vie durant le mensonge destructeur des fanatismes et des tyrannies, Aron à la fin de son parcours dans le siècle, a invité les bons Européens à ne pas rester « au balcon de l'histoire », à continuer à confronter leur morale – ou leurs principes – avec leur politique, à ne méconnaître ni les servitudes ni les alternatives essentielles que toute époque présente. L'Histoire ne leur promet pas le progrès et ne les condamne pas à la décadence, mais les incite à la réflexion et à l'action. C'est la conscience de la permanence de cet horizon problématique que partagent, dans leurs différentes approches, les études qui suivent. Elles ont toutes pris au sérieux, par la méditation de sa pensée, la proposition qu'Aron avait adressée aux européens qui aujourd'hui ne sont plus divisés sans être vraiment liés : « Il leur incombera de donner à l'Europe unie de la culture une politique digne d'elle ». C'est que peut-être « les principes ne sont rien lorsqu'ils ne sont pas animés par la vie et par la foi », lorsque les hommes et les sociétés ne sont plus capables de les vivre dans l'histoire.

Que soient ici vivement remerciés pour leurs contributions au colloque Philippe Urfalino, directeur du CESPRA, Jean-Claude Casanova, président de la Société des Amis de Raymond Aron, et Philippe Raynaud, professeur à Paris II.

Nous tenons aussi à dire toute notre gratitude à Pierre Manent, pour avoir présidé la table ronde finale du colloque et accepté d'écrire la préface de ce livre ; à Dominique Schnapper, sans laquelle ce livre n'aurait pas vu le jour, pour son soutien et sa bienveillance coutumière ; à Élisabeth Dutartre-Michaut et Christian Bachelier pour la relecture des actes, leur soutien constant tout au long de la préparation du colloque et la précieuse amitié qu'ils nous ont témoignée.

Première partie

Qu'est-ce qu'une nation ?

Nature et destin des nations

Aron et la forme politique de l'Europe

Giulio De Ligio

Un problème retrouvé

La *question* de la nation ne paraît plus appartenir à l'archéologie des choses humaines, malgré ce qu'on a souvent affirmé pendant quelques décennies sur la place publique ou dans les salles de cours du Vieux Continent. On en fait encore l'expérience, pour ainsi dire, même lorsqu'on perçoit son absence ou celle d'une alternative. C'est le présent temps de troubles qui suggère de l'interroger à nouveau, de méditer ses manifestations historiques et la latitude et la densité de son problème. L'égarement de ces jours est en ce sens celui de ceux qui redécouvrent, moins émerveillés qu'accablés, la condition politique.

Raymond Aron, on sait dans quel dialogue révélateur, avait mis en garde contre ce qu'il nomma le « drame du moraliste perdu dans la jungle de la politique[1] » avec ses monstres froids, ses tyrannies séduisantes et ses biens réels mais opaques : pour bien penser « la relation des hommes entre eux », écrivait-il, on ne peut pas se refuser de penser l'entre-deux ou ce qui prend forme entre l'individu et l'humanité, à savoir les institutions, les médiations et les nuances, si je puis dire, qui permettent à la vérité de la vie humaine de s'inscrire dans l'histoire[2]. Si Aron songeait surtout à l'étude et à la comparaison, à ses yeux nécessaires pour éclairer la décision historique sur soi-même, des différents régimes qui se disputaient à son époque les continents et les esprits, son avertissement ne s'applique pas moins aux autres formations historiques, et d'abord à la question qui nous préoccupe aujourd'hui – « nous » démocrates pour le moment satisfaits de notre *régime* – de la forme politique.

Le moralisme dont parlait Aron n'a pas cessé de représenter une grande tentation pour notre manière de penser les choses humaines :

---

1 Aron, R., *Mémoires* [1re édition 1983], Paris, Laffont, 2003, p. 715.

2 *Ibid.*

nous oscillons encore entre la conscience d'individus parfaits et solitaires, ou associés pour des nécessités fonctionnelles, et l'humanité immédiate qui constitue notre critère d'orientation et de justice. S'il n'y a pas de liens permanents, mystérieux et fragiles, entre les choses et les hommes, les cités et les âmes, le passé et l'avenir, il n'y a pas de place, nécessité ou légitimité pour les collectivités ni pour le jugement politique qu'Aron a plaidé sa vie durant. Tous les débats paraissent ainsi, du moins en principe, réglés : culture ou politique, passé ou futur, l'humanité ou ses nations, il n'est pas difficile de discerner où notre esprit penche dans de pareilles alternatives. C'est du moins l'atmosphère qu'on a respiré après la fin du grand schisme qu'Aron avait médité et vécu. Nous avons parfois l'impression de vivre dans un âge post-aronien.

La *science* qui nous oriente, cependant, ne paraît plus marquer « jusqu'au fond de l'âme » la *conscience* des sociétés européennes. Les discours sont encore imprégnés de la puissante impression, ou du préjugé, que les nations sont des survivances à la fois injustifiées et impuissantes des siècles passés, mais nous ne sommes plus si assurés de notre point de vue : du « balcon de l'histoire » qu'Aron a longtemps invité à quitter, on s'aperçoit que ce sont des collectivités qui font encore la vie du monde et des âmes, et on découvre que les ensembles – politiques, sociaux, religieux – qui ont forgé et animé l'histoire européenne se révèlent épuisés ou en voie d'évidement, en tout cas incapables d'agir sur soi et dans le monde. Le moment semble donc propice pour méditer et renouveler des questionnements anciens : Qu'est-ce qu'une nation ? Qu'est-ce qu'il faut entendre par « peuple[3] » ? Peut-on ne pas appartenir à un peuple ou participer à son existence historique ? Et bien sûr, qu'est-ce que l'homme ou – comme le dit le penseur qui nous concerne ici dans un passage consacré aux « juifs et l'État d'Israël » – que suis-je[4] ? Pour le dire autrement, dans notre discussion il faut donc supposer au point de départ que le problème humain en tant que problème politique n'est pas encore résolu. Il faut du moins que sa question reste posée. Voilà pourquoi on a envie de se mettre en dialogue avec Aron, voilà pourquoi on n'a pas l'impression d'abandonner *notre* temps lorsqu'on parcourt son œuvre à la recherche de l'intelligence de la nation.

---

3 Aron, R., « Universalité de l'idée de nation et contestation » [conférence prononcée en octobre 1976], in Aron, R., *Essais sur la condition juive contemporaine*, Paris, Tallandier, 2007, p. 318, reproduit en annexe de ce volume.

4 Aron, R., « Les juifs et l'État d'Israël » [*Le Figaro littéraire*, 24 février 1962], in Aron, R., *Essais sur la condition juive*, cit., p. 215.

Esprit européen et patriote français

L'œuvre aronienne se présente en effet et s'offre à qui sait lire sans « hypothèques historiques » comme une mine de réflexions pour aborder les questions que nous venons d'évoquer, pour bien poser leurs termes et pour saisir toute leur portée.

Parmi d'autres choses, Aron a été un penseur de la *nation*. De ce qu'on avait appelé à son apogée le « chef-d'œuvre » de l'aventure politique européenne, Aron a pensé la nature et le destin, les pathologies et la signification historique. Ainsi, il a été aussi un penseur de l'*Europe*, à ses yeux, terre de la liberté et de l'esprit scientifique, de la philosophie et justement des nations et de leur concert qui avait fait la grandeur du continent.

Sa vie est à ce sujet aussi éloquente que son œuvre. Aron a donné à voir le sentiment ou l'attitude qui accompagne, du moins lorsqu'on fait du point de vue politique sa propre perspective, la conscience de l'importance des nations : le patriotisme. Il a vécu et figuré la vie des nations européennes, et d'abord, pour employer son vocabulaire, il a été et il s'est voulu – il a voulu parce qu'il a été ou vice versa – citoyen français[5]. Il a ainsi témoigné d'une expérience de l'esprit qui illustre la vivacité, pas indemne d'ombres comme toute chose humaine, d'une Europe glorieuse que nous avons perdue ou d'une des possibilités permanentes de la condition humaine que nous pouvons retrouver. Il faut donc partir de son testament et écouter sa voix si caractéristique.

On lit à la fin de son chemin, dans la somme des *Mémoires*, une affirmation qui résume sa conception du monde et préfigure sa science des corps politiques : « Je ne changerais jamais de patrie. Je serais français ou je n'aurais pas de patrie[6]. » C'est que, pour lui, quand on déchire les liens qui attachent un individu à une communauté, « nous nous sentons amputés d'une partie irremplaçable de notre être[7] ». À son crépuscule, Aron avait désormais accepté ce que nous avons du mal à comprendre et sentir, donc à vivre, c'est-à-dire que « entre les finalités universelles de l'humanité et les "superstitions" des groupes humaines se situent des peuples, chacun convaincu de porter et d'apporter un trésor irremplaçable à la richesse commune de l'humanité[8] ». C'est dans cet horizon qu'Aron n'a cessé de rappeler la signification et donc le devoir de la citoyenneté – et de la citoyenneté *nationale* – et de ce

---

5 Aron, R., *Mémoires*, cit., p. 707.

6 *Ibid.*, p. 191.

7 *Ibid.*

8 *Ibid.*, p. 526.

qu'elle rend possible à l'homme ou lui demande[9]. D'où ce qui me semble la clef de voûte de sa lecture de la « question nationale », l'affirmation souvent reprise dans son œuvre pour la défendre ou lui donner raison qu'*on ne peut être citoyen que d'un seul pays*. Il s'agit d'un argument, moral car politique, et pas d'un prêche, moral sans être politique. Il faut donc voir quelle science de la nation, quelle logique profonde de l'argumentation politique, on peut dégager d'une pareille perspective.

Les limites de l'homogénéisation du monde

Si son patriotisme paraît à la sensibilité contemporaine parfois lucide et certes noble dans son contexte mais au fond illusoire et quelque peu pathétique, c'est surtout que la sagesse des choses politiques qui le soutient et l'éclaire est tenue pour périmée[10]. Le monde, dit-on, a changé depuis les temps de *Paix et guerre entre les nations* et sans doute ce livre était-il déjà, à la date de sa parution, décalé, c'est-à-dire en retard, par rapport au processus du monde. En ce qui concerne la forme politique de l'Europe, du moins à partir des années 1970, Aron aussi aurait dès lors été un vaincu qui écrit l'histoire.

Mais, on le sait, on ne peut pas du tout reprocher au patriote français, au philosophe politique de la nation, de n'avoir pas tenu compte et investigué les données sociologiques de son siècle, les caractères propres à la société moderne et à sa dynamique. Aron a pensé la nation à l'aube de l'histoire universelle. Il n'a pas contourné ou soustrait à la critique de la raison l'équation fondatrice de la problématique de la nation que la modernité a si souvent mise en cause : s'il y a, dès le début et jusqu'à la fin, des nations, c'est que l'humanité n'est pas, ne se présente pas ou ne peut pas être tout à fait unifiée et réconciliée. « Homogène » serait en ce sens un monde devenu *une même nation*. Les tableaux de l'histoire universelle qui jalonnent l'œuvre aronienne mettent presque en scène la cohabitation antinomique entre les procès d'homogénéisation et la persistance des nations, entre les tendances intellectuelles ou matérielles qui conduisent à relativiser les divisions

---

9 Sur la continuité de la pensée aronienne à ce sujet dans des conjonctures bien différentes, cf., entre autres, l'essai de 1934, Aron, R., « De l'objection de conscience », reproduit in *Commentaire*, n° 28-29, 1985, p. 291-297 ; l'article de 1941, Aron, R., « Naissances des tyrannies », reproduit in Aron, R., *Chroniques de guerre. La France libre 1940-1945*, Paris, Gallimard, 1990, p. 505-518 ; et la conférence de 1974, Aron, R., « Une citoyenneté multinationale est-elle possible ? », reproduit in Aron, R., *Les sociétés modernes*, Paris, PUF, 2006, p. 781-797.

10 Aron était d'ailleurs conscient déjà dans les années 1970 qu'on lui aurait reproché « le classicisme, sinon l'anachronisme » de son analyse de la citoyenneté nationale, cf. Aron, R., « Une citoyenneté multinationale est-elle possible », cit., p. 794-795.

politiques et les éléments qui prolongent et parfois aggravent la fragmentation de l'humanité. Le discours sur la nation permet alors de préciser la dialectique inachevée et instructive propre au regard aronien : il n'y a pas que le procès mais aussi le drame *et la forme* – ou la mise en forme du procès et de la matière historiques.

Dans des textes riches et lucides comme celui par lequel Aron ouvrit les colloques de Rheinfelden, il invite ainsi de façon caractéristique à ne pas souscrire à des « représentations naïves de l'unité humaine[11] », à des universalismes abstraits, pervertis ou postiches. Il ne dépasse jamais les termes de ladite dialectique, il ne tranche pour ainsi dire pas, mais l'impossibilité même de s'orienter par la seule référence au procès, ou de « se confier » à l'histoire universelle, lui impose de garder la perspective politique. Elle lui permet de discerner les dimensions et la densité des enjeux et de rester étranger à ce qu'il appela – d'ailleurs dans un passage consacré à la fédération européenne – la « grande illusion de notre temps », c'est-à-dire l'espoir que l'interdépendance « sociale » puisse dévaloriser les autonomies politiques[12]. L'humanité est peut-être une mais les hommes n'ont pas une conscience claire de leur unité[13]. D'un voyage au Japon, Aron garda l'impression que l'homogénéisation peut se révéler une mince pellicule qui risque de dissimuler la « réalité authentique », les différences entre l'esprit profond des peuples qui persistent après l'adoption d'une même économie ou technique[14]. Les hommes ne donnent pas la même réponse à la question de la justice ou du « type d'homme » que le régime politique doit former[15], préférant parfois leur vérité à la vie[16], et ils aspirent ainsi à s'autogouverner, à déterminer leur mode de vie en commun[17] – du moins tant que l'humanité n'aura pas accompli son unification. Dans un pareil horizon d'action, de pensée ou d'attente, dans ce bas monde, on peut garder l'espoir de la terre de la Paix, mais il faut aussi penser la nation ou les nations.

---

11 Aron, R., « La société industrielle et les dialogues politiques de l'Occident », in Aron, R., (dir.), *Colloques de Rheinfelden*, Paris, Calmann-Lévy, 1960, p. 24 ; cf. aussi Aron, R., « Universalité de l'idée de nation et contestation », cit., p. 317.

12 Aron, R., *Paix et guerre entre les nations* [1re édition 1962], Paris, Calmann-Lévy, 2004, p. 733.

13 *Ibid.*, p. 388.

14 Aron, R., *Mémoires*, cit., p. 243.

15 *Ibid.*, p. 126.

16 Cf. Aron, R., *Paix et guerre*, cit., p. 364, 585, 615 ; et Aron, R., *Désillusions du progrès* [1re édition 1969], Paris, Gallimard, 1996, p. 218, 282.

17 Aron, R., *Paix et guerre*, cit., p. 348.

Penser politiquement la nation

C'est ce qu'Aron a fait à partir de ses intenses *Chroniques de guerre*. Il a présenté, le plus souvent disséminée dans ses œuvres, parfois ramassée dans des conférences, une phénoménologie qu'on pourrait dire à la fois historique et philosophique de la nation, ou une lecture de sa *nature*. Comme nous l'avons dit plus haut, l'enjeu même de la question est aujourd'hui si obscurci ou méconnu qu'il paraît instructif de rappeler plus les traits majeurs de l'interprétation aronienne que ses développements concernant les caractères variables ou le contenu dont s'est chargée la forme nation – l'absence d'un modèle ou « esprit » unique représentant d'une certaine manière le corollaire logique de son existence en tant que forme.

Un point mérite d'être, dès le début, mis en relief : le sociologue libéral Aron ne voit pas seulement des individus à l'œuvre dans l'histoire et tient à revendiquer la prise en compte des « personnalités collectives » dans l'étude des phénomènes politiques[18]. Il n'y a en cela aucune analogie avec les conceptions « totalitaires », car les vies des personnes et les communautés où celles-ci s'accomplissent sont également reconnues dans une pareille perspective. D'ailleurs, se demandait Aron à la fois sur le plan interprétatif et moral, « comment l'individu pourrait-il être obligé à l'égard de l'humanité entière sans l'être à l'égard de la nation *qui le fait être ce qu'il est*[19] ? » L'affirmation dans son œuvre de la liberté et du poids déterminant de l'action

---

18 Il est en ce sens important de souligner qu'Aron ne semble pas s'en tenir dans son analyse à la distinction entre ce qu'on appelle l'individualisme et l'holisme méthodologiques ; des pareilles polarités lui semblent « philosophiquement peu satisfaisantes ». Il faut citer Aron un peu longuement : « Il ne me paraît nullement illégitime de définir les nations comme des "personnalités collectives". [...] La personnalité collective d'une nation comme la personnalité individuelle, naît et meurt dans le temps, elle a des conditions multiples, d'ordre matériel, physique ou biologique, mais elle ne s'affirme que par la conscience, capable de pensée et de choix. [...] L'individualité nationale n'est pas visible comme sont visibles les individus humains, mais elle n'en est pas moins connaissable, par observation et analyse. Elle n'agit que par l'intermédiaire de personnes mais celles-ci, pour elles-mêmes comme pour les autres, agissent en tant qu'interprètes ou guides de la collectivité. Que l'État soit une institution, établie par les hommes, la formule est acceptable dans la mesure où le concept d'institution demeure équivoque. Ce qui n'est pas vrai, c'est que l'objet de cette institution soit exclusivement d'assurer l'exercice régulier et tranquille des activités de tous et de chacun. *Il n'est ni vrai ni souhaitable que les êtres collectifs n'aient pas de fin propre. Certes, en dernière analyse, c'est la vie des personnes qui est la fin des cités. Mais cette vie n'est pas solitaire, elle ne s'accomplit pas en dehors de "communautés nationales"*, dont chacune tend à promouvoir des valeurs singulières. Effacer les distinctions entre ces communautés serait appauvrir l'humanité, à supposer qu'un tel objectif fût accessible. » (Aron, R., *Paix et guerre*, cit., p. 735-736, c'est nous qui soulignons).

19 *Ibid.*, p. 736.

humaine, voire des grands hommes, ne l'empêche dès lors pas de reconnaître que l'ordre du devenir politique et le drame des âmes sont aussi marqués par la procession des cités et des empires, ou d'investiguer les six mille années d'histoire humaine à partir d'ensembles historiques comme « la nation, la civilisation, l'humanité[20] ».

C'est la nation qui est assumée par Aron comme le point de départ inévitable ou l'étalon raisonné de sa méditation sur l'Europe à l'aube de l'histoire universelle. Qu'il s'agisse de mesurer le bien-fondé des propositions de « constellations post-*nationales* » ou de projets d'« intégration » de souverainetés *nationales*, c'est toujours de la *nation* qu'il faut chercher l'intelligence, quitte à échouer ou à dissiper et neutraliser dans ces dépassements ou fédérations la substance ou les possibilités qui étaient liées aux unités nationales. La démarche et les prémisses d'Aron se manifestent dans les questions mêmes qu'il pose à l'actualité historique : il s'interroge tour à tour sur l'existence ou la possibilité – à ses yeux, déterminante – d'une « nation européenne[21] », d'une « nation composée des nations européennes[22] », d'une nation juive[23], jusqu'à la nation universelle ou humaine. Comme il le relève dans son *opus magnum* de 1962, le concept de nation est d'ailleurs si dense et paradigmatique qu'il est désormais employé à la fois dans le sens historique propre à l'expérience européenne et à sa conception de la citoyenneté et pour designer n'importe quelle unité politique[24].

Aron, quant à lui, pense politiquement la nation ou pose son problème en termes politiques. Il s'agit d'abord de l'application à ce phénomène de la « primauté du politique » qu'il avait proposée dans sa comparaison des sociétés industrielles qui étaient aux prises dans le Grand Schisme[25]. Comme dans le cas des *régimes* politiques, il ne faut pas postuler dans la définition des unités humaines – de ce qui fait leur propre mais aussi leur efficacité et légitimité – une quelconque

---

20 *Ibid.*, p. 185.

21 *Ibid.*, p. 732-733.

22 Aron, R., « Universalité de l'idée de nation et contestation », cit., p. 312.

23 Aron, R., « Les juifs et l'État d'Israël », cit., p. 229. On retrouve toute la densité de la *question* de la nation dans des affirmations aroniennes comme la suivante : « Je n'interprète pas ma judéité comme une nationalité » (BNF, Fonds Raymond Aron, NAF 28060, boîte 206, lettre de Raymond Aron à Gaston Fessard du 23 février 1970).

24 Aron, R., *Paix et guerre*, cit., p. 16-17.

25 Pour une introduction aux différents volets de la lecture aronienne de la primauté du politique, cf. Aron, R., *Démocratie et totalitarisme*, Paris, Gallimard, 1965, surtout p. 23-37 ; Aron, R., *Paix et guerre*, cit., p. 56-57 ; Aron, R., « Thucydide et le récit historique » [1960], in Aron, R., *Dimensions de la conscience historique*, Paris, Plon, 1964, p. 111-147 ; Aron, R., « Les sociologues et les institutions représentatives » [1960], reproduit in Aron, R., *Les sociétés modernes*, cit., p. 703-717.

suprématie ou détermination sociale au sens large et donc l'insignifiance dernière du politique. Même s'il faut tenir compte de la grammaire historique, ou de la « matière », ce n'est pas au devenir technique ou économique de fixer les frontières et d'imposer la « logique », les « formes » et donc les « finalités » politiques d'un groupement humain. On y reviendra plus loin. Aron traduit ainsi la manière de penser qu'il avait retrouvée, parmi d'autres, chez Tocqueville et qui lui avait inspiré des remarques qui paraissent encore riches en implications : parce que l'aristocrate normand « visait en dernière analyse le politique, il a encore quelque chose à nous dire[26] ». « L'alternative de Tocqueville[27] » avait confirmé au XXe siècle que le politique est la question qui reste – en tant qu'alternative de régimes, formes et actions – dans le devenir incessant de la matière économique, culturelle, ou technique : c'est d'une certaine manière le signe de la permanence du problème qui est la condition humaine.

Si Aron aussi nous parle encore au milieu des bouleversements intellectuels et matériels de ce début du XXIe siècle, c'est justement parce qu'il a présenté une interprétation *politique* de la nation qui reste dans notre constellation historique une proposition à méditer. Sa définition plutôt classique de l'idéal-type de l'État national avec sa triple caractéristique (volonté commune, communauté de culture, indépendance ou souveraineté[28]) trouve place dans un cadre interprétatif où « le principe » qui préside à l'organisation de la société – c'est ainsi qu'on peut, pour lui, concevoir ou désigner une unité politique – est responsable à la fois de l'intérieur et de l'extérieur, de la question classique du volume de l'unité et de ses logiques d'intégration et représentation, de la réponse aux nécessités de la défense et de la cohérence morale ou de la vie selon la raison[29]. Si on suit Aron, on peut dire que la nation aussi est une manière de faire face à l'éternel problème politique – une réponse qu'il présente comme ni purement culturelle ni exclusivement intellectuelle, participant et de l'histoire et de la raison. Distillat de l'histoire européenne, elle suppose la citoyenneté au sens démocratique du terme, en soutenant, comme l'oiseau de Kant, le gouvernement libre. Ce qui plus est, la nation a une *vocation* alors que

---

26 Aron, R., *Mémoires*, cit., p. 352.

27 Cf. Aron, R., « Les sociologues et les institutions représentatives », cit., p. 717 ; Aron, R., *Démocratie et totalitarisme*, cit., p. 34.

28 Aron, R., *Paix et guerre*, cit., p. 294-300.

29 Si une pareille « dialectique » ou tentative de conciliation demeure pour Aron décisive (on a envie de le rappeler lorsqu'on songe aux arguments de certaines perspectives qu'on dit « réalistes ») c'est qu'il ne considérait ni « dénuées de sens » ni « définitivement anachroniques » les spéculations classiques reposant sur l'idée que « le but de la cité, c'est-à-dire de la politique, n'est pas la puissance mais la vie selon la raison » (Aron, R., *Paix et guerre*, cit., p. 220).

d'autres groupements sociaux, comme la famille ou la classe, n'en ont pas. Aron reprend ainsi, dans un argument aristotélicien ou quasi aristotélicien, des thèses partiellement tirées de son ami Gaston Fessard[30] et la perspective qu'il avait développée dans l'introduction de *Démocratie et totalitarisme*. Plus que le rapport à la matière, c'est le rapport des hommes entre eux avec le sens qu'ils donnent à leur action qui détermine dans une unité donnée l'essentiel, car la logique de ce rapport fixe la hiérarchie des biens et des fins. La nation a en ce sens une vocation politique car elle permet aux hommes de « vivre ensemble, se donner à eux-mêmes leurs propres lois », car elle les fait sortir d'eux-mêmes « pour apporter à l'œuvre humaine une contribution qui, sans eux, ne serait pas[31] ». « Idéal en même temps que fait[32] », la vie d'une nation s'enracine donc dans une histoire singulière et s'ouvre librement à la raison. Comme l'homme lui-même, elle reste fidèle à soi si elle ne renie ni l'une, son histoire, ni l'autre, la raison. Sa dialectique avec le régime politique est alors destinée à durer car forme et régime partagent, pour ainsi dire, la question architectonique en s'influençant mutuellement : c'est dans l'histoire, dans l'expérience d'une patrie que l'homme pose la question de la bonne société, qu'il décide de soi-même en participant de la raison. Le *sentiment* national garde ainsi, aux yeux d'Aron, ses *raisons* : il possède plus de force affective que la conscience vague d'une civilisation ; il conduit les hommes à nourrir, défendre et proposer leur communauté, à se poser la question de la vocation humaine[33].

---

30 Aron, R., *Paix et guerre*, cit., p. 736-737 ; Aron fait dans ce contexte référence à Fessard, G., *De l'actualité historique*, Paris, Desclée de Brouwer, 1960, et Fessard, G., *Pax Nostra. Examen de conscience international*, Paris, Grasset, 1936.

31 Aron, R., *Paix et guerre*, cit., p. 736.

32 *Ibid.*, p. 737.

33 Cf. aussi Aron, R., *Paix et guerre*, cit., p. 298, 736-737, et Aron, R., « Universalité de l'idée de nation et contestation », cit., p. 312. On peut lire aussi dans cet horizon interprétatif qu'il faut nommer, dans toute l'ampleur du concept, historico-politique l'un des passages les plus incisifs qu'Aron consacra à la question de l'unité de l'Europe : « La conception militaire de l'unité européenne ne souffre pas de pauvreté et de prudence. Je crains qu'elle ne soit trop révolutionnaire. On ne crée pas les patries sur commande. Il est facile de dire, il est vrai dans l'abstrait, que les États nationaux sont anachroniques, parce qu'ils sont incapables d'assurer seuls leur défense. Mais les sentiments des peuples ne se transforment pas à l'allure du progrès industriel. [...] L'idée européenne est vide, elle n'a ni la transcendance des idéologies messianiques, ni l'immanence des patries charnelles. Elle est une création d'intellectuels, ce qui en révèle à la fois l'opportunité au regard de la raison et la faible résonance dans les cœurs. » (Aron, R., *Les guerres en chaîne*, Paris, Gallimard, 1951, p. 415).

Crise et contestation de la nation : un chef-d'œuvre sans avenir ?

Aron n'a pas méconnu la fragilité de ce que ses prédécesseurs avaient tenu pour la « suprême unité politique, historique et spirituelle », il n'a pas ignoré les chefs d'accusation toujours plus amples et graves qu'on lui a adressés. On peut même affirmer que, s'il en est venu à investiguer la *nature* de la nation, c'est surtout que, dès l'exil à Londres, au milieu des ruines nationales, il a été obligé de s'interroger sur son *destin*, à se poser la question « L'Europe des nationalités était-elle viable ? »[34]. Le chef-d'œuvre de l'histoire européenne paraissait condamné par la guerre à devenir un autre trésor perdu ou sans avenir. Avait-il été responsable de la Némésis européenne ? L'État-nation territorial était-il désormais politiquement épuisé, comme le suggérait à l'époque dans un projet d'empire latin un interlocuteur et ami comme Kojève ? Était-il moralement condamné ?

C'est une des grandes interrogations qui traversent l'œuvre d'Aron, qui habitent sans cesse son esprit. En portent témoignage plusieurs articles de *La France libre* comme des conférences prononcées en une tout autre conjoncture, telle « Universalité de l'idée de nation et contestation » de 1976. En ce sens, Aron a autant pris au sérieux la crise de l'État-nation qu'il s'est confronté avec tous les univers de contestation en faveur de son dépassement, avec les arguments qui s'appuyaient et s'appuient, pour le dire par deux images, sur la situation de l'âge des empires ou sur celle de l'âge universel des individus.

L'affirmation du déclin, par défaut ou excès de substance politique, de l'État-nation a été accompagnée après 1945, selon les cas et les moments, par sa condamnation intellectuelle, historique ou morale. La nation jadis « chef-d'œuvre » a été par la suite présentée comme le « malheur de l'esprit humain » : pour des Européens qui paraissaient avoir enfin découvert l'impuissance dernière des Césars et l'écroulement inévitable des œuvres passagères de la politique, elle était devenue la forme politique maudite, la cause de leur mal historique. Il faut alors suivre Aron dans son œuvre d'hygiène intellectuelle – en ce cas, il faudrait dire d'hygiène « causale » – face à des arguments qui s'opposent ou se renforcent non sans parfois se contredire l'un l'autre.

Quelques années après avoir entamé sa méditation devant le « cadavre des nations européennes », il renouvelle la question du sort de ces nations dans son noyau essentiel et dans ses termes généraux : « Les nations d'Europe, se demande-t-il en 1957 dans *Nations et empires*, ont-

[34] Cf. Aron, R., « Destin des nationalités » [avril 1943], in Aron, R., *Chroniques de guerre*, cit., p. 614-620.

elles abdiqué, comme les cités grecques, parce qu'elles se sont accrochées à un principe, devenu anachronique, d'organisation politique ? Quel est l'ordre que font mûrir la technique de combat, les modes de production et les passions des hommes[35] ? »

Le doute ou le discrédit sur la nation s'étant imposé par et à la suite de la tragédie de la guerre civile européenne, trois lignes générales de contestation s'affirment au fil des années. Aron ne manque pas de les examiner. Il s'agit à ses yeux tour à tour d'une contestation *sub-nationale*, d'une contestation *supranationale*, et d'une contestation *transnationale*[36]. Aron discute leurs propositions et les phénomènes qui les regardent. Il invite d'abord à éviter des « réponses catégoriques » et à ne pas souscrire à des condamnations métaphysiques, pour ainsi dire, de la forme nation (ou de l'État). Fidèle à sa philosophie, il rappelle l'imperfection de *toutes* les institutions humaines, ou les équivoques de *toute* action historique, tout en suggérant de ne pas mettre non plus le sceau de l'éternité sur la conception de l'État qu'on avait élaborée au XIXe siècle. Il propose ainsi une démarche qui permettrait aux bons Européens de ne pas prendre leur abdication pour une sagesse historique, ou de ne pas confondre l'impuissance héritée avec les signes d'un monde nouveau. Il faut, pour Aron, discerner les plans et les causes.

Il ne se défend pas de relever combien la rupture du système européen des nations a exprimé et manifesté dramatiquement la crise morale et politique du continent qu'il fallait après la guerre assumer : « L'Europe des nationalités était déjà morte en 1918 mais elle ne le savait pas encore. En 1945, elle ne pouvait pas l'ignorer[37]. » Aron ne l'ignore pas, mais ce n'est pas pour lui le principe de la nation en tant que tel qui doit porter la responsabilité entière de la catastrophe. Il ne nie pas les ravages du nationalisme[38] mais, sans méconnaître leur lien possible, il ne confond pas un « sentiment impur », qui s'est d'ailleurs universalisé n'ayant plus besoin de l'Europe, et une forme politique, le nationalisme et la nation : les manifestions pathologiques du premier n'illustrent pas le destin de la seconde, et il se peut même que celle-ci garde dans sa logique plurielle un principe de limitation que d'autres formes ou processus ne portent pas en soi.

Comme on le disait, Aron ne s'abstient dès lors pas d'examiner et de répondre directement aux différents chefs d'accusation qui alimentent et

---

[35] Aron, R., « Nations et empires » [1957], in Aron, R., *Dimensions de la conscience historique*, cit., p. 157.

[36] Aron, R., « Universalité de l'idée de nation et contestation », cit., p. 308-317.

[37] Aron, R., « Europe, avenir d'un mythe »[1975], in *Cités*, n° 24, 2005, p. 157.

[38] Aron, R., *Paix et guerre*, cit., p. 299.

répandent depuis 1945 l'opinion voyant en la nation la cause du destin malheureux du Vieux Continent.

Les guerres ne sont pas en tant que telles nationales, même si elles prennent du régime et de l'unité politique d'où elles sortent des traits singuliers. D'autres principes peuvent présider à la conflictualité humaine, d'autres corps politiques ont choisi et choisiront le tribunal du champ de bataille[39]. L'équilibre européen n'était pas exempt de risques structurels et il a sans doute été parmi les motifs – avec notamment la « surprise technique » – du caractère hyperbolique pris par les guerres au XXe siècle, mais « il serait plus déraisonnable encore, ajoute Aron, d'imaginer qu'un principe supranational d'unité politique [...] serait en tant que tel plus favorable à la paix[40] ». Les hommes et les *corps politiques*, pas les armes ou seulement *les nations* déclenchent les guerres : « Les hommes ne se sont pas moins battus en invoquant des religions universelles qu'en se réclamant des nations[41]. »

Aron procède dans le même esprit et avec le même regard, ou la même science, lorsqu'il en vient à traiter des autres éléments constitutifs de la nation. La souveraineté est certes, à ses yeux, équivoque, mais l'impatience post-nationale se trompe – comme la perspective de Weber à sa manière – car l'autonomie politique ne coïncide pas avec la volonté de puissance. Susceptible de se traduire en une affirmation absolue de soi-même, la souveraineté n'en est pas moins ni foncièrement *illégitime* ni désormais *inefficace* – selon les deux vœux opposés, parfois mélangés, de notre « grande illusion ». Aucun corps politique ne pourrait se passer de la volonté de vivre et d'indépendance, du gouvernement intérieur et de l'action extérieure. L'art politique n'est alors pas obsolète, qui enseigne aux hommes « à vivre en paix à l'intérieur » et aux collectivités « à vivre soit en paix soit en guerre[42] ».

On reconnaît dans sa confrontation avec de pareilles contestations de l'État-nation la philosophie historique d'Aron, la prudence classique à la lumière de laquelle il s'opposait aux démarches de ceux qui, toujours oscillants en recherche de pureté, exaspèrent dans un sens ou dans l'autre les antinomies ou les divisions du monde sublunaire. C'est aussi le cas de sa lecture de la querelle éternelle entre « culture » et « politique » qui concerne aussi intimement la question nationale. Qu'il s'agisse du domaine intérieur ou du cours historique, « l'ordre du devenir » ne nous permet pas pour Aron de trancher et résoudre la tension

---

39 Aron, R., « Une citoyenneté multinationale », cit., p. 795 ; Aron, R., « Nations et empires », cit., p. 210.

40 Aron, R., *Paix et guerre*, cit., p. 300.

41 Aron, R., « Nations et empires », cit., p. 210.

42 Aron, R., *Paix et guerre*, cit., p. 19.

entre les deux termes : dans le monde sublunaire, ils se présentent toujours mélangés. Si la « coïncidence » à l'intérieur d'une unité politique qui est supposée par l'État-nation n'est pas la règle absolue dans l'histoire humaine, « le fait que même les États nationaux comportent une certaine diversité de culture ne constitue pas un argument en faveur des empires[43] ». Provençaux, Bretons, Alsaciens apprirent, pour Aron, à se regarder comme des Français ne voyant plus dans leurs différences culturelles que la *matière première* de leur *nationalité*, seule décisive aussi bien dans l'ordre moral que politique[44]. La nation accomplit alors la « vocation politique » du genre humain, comme on l'a souligné, car elle met en forme selon l'idée qu'on se fait de la bonne société – ou, devrait-on dire, du bon régime ou de la vraie communauté – la matière culturelle qui reste parmi les hommes irréductible ou toujours changeante. L'homme est en ce sens un être politique plus que culturel, un citoyen plus qu'un consommateur[45] : son accomplissement demeure précaire et ne cesse de passer, aussi à l'âge des droits de l'homme, par l'universalisation rendue possible par une communauté politique – encore donc communauté de destin[46]. Voilà donc pourquoi Aron peut rappeler que le destin des « cultures » n'a sans doute pas son tribunal dans les champs de bataille mais se joue dans l'histoire – où les peuples ne sont peut-être pas obligés de choisir entre l'humanité et la grandeur

---

43 Aron, R., « Une citoyenneté multinationale », cit., p. 796.

44 Aron, R., « Destin des nationalités », cit., p. 610. Ne voyant souvent plus dans la politique qu'une alchimie de pouvoir, une action qui ne peut être qu'opposée à la liberté et qui n'aurait donc plus rien à avoir avec la forme et l'actualisation des biens humains, la science et la conscience politiques qui priment en Europe ont du mal à retrouver dans des phénomènes comme l'aventure des nations la dimension « architectonique » qui lui a été propre : pour une pareille pensée qui ignore sans doute ses prémisses « partielles » voire « cyniques », il ne saurait au fond jamais être question de la vie de peuples, certes pas « indolore » dans toutes ses concrétisations, ou du rassemblement d'hommes autour d'une vocation transcendant leurs individualités ou actualisant leur humanité, mais uniquement d'une suppression de libertés ou de spécificités « culturelles ». Face à cette perspective, qui semble achever ou radicaliser certaines prémisses de la philosophie politique moderne, il ne paraît pas inutile de rappeler ce passage révélateur de l'œuvre aronienne : « La grande illusion de la pensée cynique, obsédée par la lutte pour le pouvoir, consiste à méconnaître un autre aspect de la réalité : la recherche du pouvoir *légitime*, de l'autorité reconnue, du régime *le meilleur*. Les hommes n'ont jamais pensé la politique comme définie exclusivement par la lutte pour le pouvoir. Celui qui ne voit pas l'aspect "lutte pour le pouvoir" est un naïf, celui qui ne voit rien que l'aspect lutte pour le pouvoir est un faux réaliste. La réalité que nous étudions est une réalité humaine. » (Aron, R., *Démocratie et totalitarisme*, cit., p. 53).

45 Parmi les autres textes et outre ceux déjà cités plus haut, cf. Aron, R., *Essai sur les libertés* [1965], Paris, Hachette, 1998.

46 Aron, R., « Une citoyenneté multinationale », cit., p. 792-797.

temporelle[47]. C'est en ce sens, « politique » non pas « culturel », que la nation avec sa « coïncidence », là où elle est possible, demeure pour Aron « l'entité politique la plus conforme à nos aspirations » : elle est « idéal » en même temps que « fait »[48] – le « principe » de toute unité politique participant de sa « réalité ».

Aron applique enfin cette perspective à ce qu'on pourrait appeler la dynamique « spatiale » – ou justement, on verra dans quel sens, « politique » – des corps politiques ou aux considérations spatiales qui les concernent. Sa lecture politique de la nation le conduit aussi à souligner que le dépassement de cette dernière dans les consciences et comme forme institutionnelle ne marquerait pas forcement l'accomplissement de l'humanité, car il peut également aller au profit de quelque sorte de conscience tribale, d'une tentation individualiste animée par l'illusion que les mécanismes de la civilisation suffisent à lier les hommes, ou d'un universalisme aussi équivoque, comme tout *isme*, que le nationalisme[49]. Il remarque ainsi l'ambivalence substantielle des dynamiques politiques, confirmée à ses yeux par le fait que les nations européennes protagonistes de l'expérience communautaire paraissent à certains égards se connaître moins que dans d'autres époques (ou à l'époque de sa jeunesse) et se révéler moins ouvertes l'une par rapport à l'autre – ou moins « unies » – que chacune à l'égard du reste du monde. La politique concerne une certaine communion et pas n'importe quelle communion.

Aron parvient ainsi à présenter sa lecture critique de ce qu'il nomme lui-même « l'argument des grands espaces[50] » qui a séduit bien des esprits – malgré ses origines ambiguës – et a puissamment alimenté l'impression ou l'opinion du dépassement nécessaire de la nation. Il est remarquable qu'il discute déjà cette ligne d'argumentation dans ses chroniques de guerre lorsqu'il commence, comme on l'a rappelé, à s'interroger sur l'avenir de la nation après sa catastrophe supposée et à l'âge des empires prophétisé par Tocqueville. Le sens historique, ou la « sagesse de Montesquieu », ne lui fait pas défaut et il n'hésite pas à évoquer dans plusieurs contextes à la sortie de la guerre la nécessité de décisions historiques « courageuses et clairvoyantes » au profit de la création, sans recourir aux procédés traditionnels des bâtisseurs

47 Cf. entre autres Aron, R., « Le romantisme de la violence » [avril 1941], in Aron, R., *Chroniques de guerre*, cit., p. 439, et Aron, R., « Sur le machiavélisme. Dialogue avec Jacques Maritain » [1982], in Aron, R., *Machiavel et les tyrannies modernes*, Paris, Fallois, 1993, p. 413.

48 Aron, R., *Paix et guerre*, cit., p. 737.

49 *Ibid.*

50 Aron, R., « Destin des nationalités », cit., p. 609 ; Aron, R., « Nations et empires », cit., p. 204-205.

d'empire, d'unités plus vastes ou supérieures[51] : ce sont la situation spirituelle du continent, le développement de la technique de production ou de combat et les tendances démographiques qui les favorisent. Mais Aron n'accepte pas jusqu'au bout la « rationalité » implicite dans ce pareil argumentaire spatial. La vérité qu'elle présente n'est que partielle, elle oublie des dimensions majeures du phénomène humain. Après tout, la dimension de l'unité politique n'est qu'un des facteurs de la productivité. Les corps politiques ont été formés au long des siècles, par l'expérience d'une vie commune : ils ne resteraient pas fidèles à eux-mêmes en ne suivant que les rythmes et la direction imposés par le devenir de la technique[52]. Ce n'est surtout pas l'état des forces matérielles qui dicte le choix de la taille de l'unité et de son principe constitutif, car ces derniers sortent d'une délibération historique qui ne saurait se passer de la définition des buts moraux et politiques de l'unité[53] et donc de ce qu'Aron tient pour l'essentiel. Il faut du moins être conscient de l'enjeu : « une collectivité qui étend son territoire » pour maximiser son potentiel de ressources « devient autre : elle se dégrade ou elle s'épanouit ». Et Aron ainsi de rappeler : « Les philosophes classiques ont toujours pensé qu'il y avait pour les unités politiques une dimension optimale. De quel droit le théoricien de la politique étrangère donnerait-il raison aux obsédés de la puissance » ou du marché, et « tort à ceux qui souhaitent avant tout la cohérence ou la vertu de la cité[54] ? » Aron propose encore à l'Europe le vieil art politique. Même si après 1945 la loi non écrite de l'équilibre européen s'applique désormais à la planète, c'est à une *coopération* supérieure, à une coopération *politique*, pas forcément à une fédération juridique, que sont à ses yeux appelées les nations européennes pour poursuivre leur mission, pour défendre et projeter dans le monde et l'avenir la conception de la « mesure de l'homme[55] » qu'elles partagent. Encore faut-il qu'elles continuent à y croire, à avoir confiance dans leur projet, à poursuivre en acte leurs fins. C'est moins selon le « sens de l'espace » dont parlait Schmitt[56] que selon le *sens du politique* qu'illustre Aron qu'elles devraient s'orienter dans leurs délibérations historiques, et d'abord dans leur action commune : « L'évidence de la *coopération* nécessaire n'implique pas l'évidence de l'*unité* nécessaire. Ni le but ni les méthodes ni les raisons de l'unité ne

51 Cf. par exemple Aron, R., « Discours aux étudiants allemands », in *Preuves*, n° 18-19, août-septembre 1952, p. 3-9.

52 Aron, R., « Nations et empires », cit., p. 204-205.

53 Aron, R., « Destin des nationalités », cit., p. 619.

54 Aron, R., *Paix et guerre*, cit., p. 99.

55 Aron, R., « Redevenir une grande puissance » [septembre 1944], in Aron, R., *Chroniques de guerre*, cit., p. 747.

56 Aron, R., *Paix et guerre*, cit., p. 213.

sont soustraits au doute[57] ». La réflexion sur la *nation* nous conduit à nouveau au *problème politique*, à poser la question de la *vocation humaine*.

De la fidélité politique et des parentés mystérieuses

Si un penseur comme Aron, aussi fortement marqué par l'exigence d'universalité, a été toujours sensible aux pièges des universalismes fictifs et aux mérites de la prudence, des articulations et des équilibres, c'est qu'il avait une conscience très profonde du « destin politique de l'homme », de ses liens fragiles et parfois mystérieux, de son « antinomie dernière » qui a duré depuis l'aurore des temps sans trouver de solution[58]. Il a dès lors refusé, dans ses arguments et par son jugement historique, toute « alternative simplifiée ».

Les nations européennes devaient ainsi, à ses yeux, épouser leur siècle et relever ses défis tout en poursuivant leur aventure, « l'œuvre difficile et toujours fragile » d'une coopération courageuse et clairvoyante qui seule empêche de se livrer aux « querelles de clochers » ou de s'abandonner à la « servitude impériale », volontaire ou pas[59]. C'est n'est que par l'art politique qu'on peut sauvegarder et entretenir les ressorts historiques et spirituels des patries charnelles pour les diriger, quand nécessaire ou par les voies les plus nobles, vers les horizons plus vastes d'une politique supranationale ou planétaire, d'une véritable action européenne. Dans le Vieux Continent, la conscience d'une civilisation commune s'alimente aussi, et en politique peut-être surtout, des spécificités des existences nationales. L'Europe *vit* et *agit* par ses nations et par une sagesse politique qui distingue et articule les ordres.

Sur les bords du Rhin dans sa jeunesse, Aron s'était destiné à vivre de pareilles tensions, à méditer les paradoxes que les existences collectives ne peuvent pas surmonter. On n'est citoyen que d'un seul pays, mais le patriotisme ne suffit peut-être pas.

Même dans sa confrontation la plus intime et opaque avec la nation la plus singulière, la « nation israélienne » ou le « peuple juif », Aron a revendiqué la « seule condition » dans laquelle il pouvait se reconnaître, et la possibilité ou la tentative de rester fidèle à la fois à la vérité et à l'existence historique, à l'universalisme et à la nation, à sa « double allégeance ». On ne vit pas une pareille fidélité sans déchirements intérieurs, sans se trouver parfois douloureusement aux prises avec

---

57 Aron, R., « À propos de l'unité de l'Europe : la dialectique du politique et de l'économique », in *Mitteilungen der List Gesellschaft E.V.*, n° 11-12, 1957, p. 266.

58 Cf. Aron, R., *Paix et guerre*, cit., p. 737-738 ; Aron, R., « Les juifs » [*Réalités*, n° 176, septembre 1960], in Aron, R., *Essais sur la condition juive*, cit., p. 198.

59 Aron, R., *Destin des nationalités*, cit., p. 616.

l'alternative entre l'attachement à sa communauté et le respect de la justice : le choix, nous alerte Aron, ne peut pas être approuvé ou condamné « par la seule logique de la politique[60] », mais il ne peut pas ignorer ou nier – s'il ne veut pas dégrader l'une ou l'autre, la patrie charnelle ou la patrie spirituelle – la condition politique, la « seule condition » qu'Aron pouvait accepter.

L'idéal d'une humanité consciente de sa solidarité ne contredit pas le fait de sa fragmentation[61], mais c'est la vie de la nation qui pénètre parfois jusqu'au fond de l'âme, même d'une âme qui savait écrire que « la vraie, unique solution c'est de se dire que [...] il y a une activité de l'homme qui est peut-être plus importante que la politique : c'est la recherche de la Vérité[62] ». Aron – le citoyen français à part entière Aron – ne semble alors pas présenter le paradoxe enfoncé dans *son* être, mais la plus *fidèle* des situations humaines, et on pourrait dire la « condition nationale ».

Des phrases reviennent sans cesse, avec une éloquente insistance sous sa plume. « Chacun peut aimer sa patrie et son Dieu, chacun peut appartenir à une communauté religieuse et à une unité politique. Mais nul ne peut revendiquer le droit à une double citoyenneté[63]. » La citoyenneté ne se partage pas ; elle ne doit pas épuiser l'être de l'homme. « Aucun État n'accepte une double allégeance [...] seul l'État totalitaire impose une allégeance exclusive de tout autre attachement[64]. » De même, tantôt nous cherchons des fusions néfastes, tantôt nous oublions le *double* problème. Aron ne propose qu'une manière de le penser. Il y a une moralité propre à la fidélité politique, à la vie de la patrie charnelle. Elle est autre mais peut-être pas sans liens avec celle de la patrie spirituelle, ou de sa question. Si bien comprise, la « double fidélité » s'avère alors notre destin, ou notre plus noble devoir, le plus fidèle au paradoxe de l'existence historique, de la condition politique. Il nous faut apprendre à « voir double ».

C'est peut-être pour cela qu'à la fin de sa vie, lorsqu'on l'interrogea sur ce qu'il y avait eu de plus profond dans sa manière d'être et de penser, Aron évoqua deux principes : la vérité et la liberté[65]. Et il ajouta, je crois sans se contredire, la France.

---

60 Aron, R., *Paix et guerre*, cit., p. 102.

61 *Ibid.*, p. 736.

62 Aron, R., *Introduction à la philosophie politique : démocratie et révolution* [1952], Paris, Librairie générale française, « Le Livre de poche », 1997, p. 245.

63 Aron, R., « Les juifs et l'État d'Israël », cit., p. 212.

64 Aron, R., « Le temps du soupçon », in Aron, R., *Essais sur la condition juive*, cit., p. 89.

65 Aron, R., *Le spectateur engagé* [1re édition 1981], Paris, Fallois, 2004, p. 438.

L'État d'Israël, objet de pensée et d'expérience chez Raymond Aron

Danny TROM

La thèse que je souhaite défendre dans ce texte est que l'État d'Israël a été un objet de pensée relativement marginal pour Aron mais qu'il a été l'objet d'une expérience intense qui, elle, est demeurée impensée. Dans l'impensé de cette expérience gît un rapport à cet État que les catégories habituelles de la politique ne captent pas, de sorte qu'Aron n'y avait pas accès ou voulait ne pas y avoir accès.

Les manières dont Aron s'auto-désigne à travers son œuvre sont multiples et enchevêtrées : il se dit citoyen français, patriote français, juif déjudaïsé, sociologue, observateur impartial. Toutes ces identités se combinent, s'associent, entrent parfois aussi en tension au long de son parcours. En relisant ses *Mémoires*, ainsi que d'autres textes portant spécifiquement sur le judaïsme et l'État d'Israël, il semble qu'Aron soit invariablement, sinon dans une posture défensive, du moins dans une position réactive, qu'il convertit en un second temps en posture affirmative. Quand Aron se dit juif et qu'il assume un « nous », ce qui n'est pas rare, il ne le fait qu'après avoir précisé les restrictions aux conditions de cette appartenance ou de cette inclusion : juif sûrement, mais déjudaïsé, incroyant, assimilé, détaché de la communauté. C'est peut-être pour cela qu'il lui arrive de se reconnaître dans le portrait sartrien du juif dont il savait avoir été au moins pour partie le modèle ; c'est également pour cela qu'il lui arrive de le juger insuffisant.

Toutefois, la position réactive domine nettement chez Aron. Par position réactive, il convient d'entendre une posture surdéterminée par l'anticipation de deux soupçons qui pourraient peser sur lui, par le regard et le jugement de l'autre, intériorisés avant même qu'ils ne se manifestent. D'abord, le soupçon de la double allégeance qui traverse ostensiblement la plupart de ses écrits consacrés au judaïsme et à l'État d'Israël. Ensuite, le soupçon de partialité ou l'irrationalité qui surgit dès lors qu'Aron s'interroge sur les conditions de production d'un savoir objectif. Le premier soupçon serait pour Aron une atteinte à son statut de citoyen loyal ou de « patriote intransigeant » comme il le dit quelquefois. Le second serait une atteinte à son statut de sociologue objectif, de scientifique rigoureux, ou de spectateur engagé mais impartial lorsqu'il fait référence à son activité d'analyste politique. Ces deux *inquiétudes*, si tangibles dans les écrits d'Aron, procèdent vraisemblablement de la fragilisation du paradigme israélite français, paradigme dont Durkheim, auquel Aron était lointainement apparenté, fut l'expression même : coïncidence sans faille entre République et Universalité, entre Nation et Raison, entre forme politique et projet sociologique[1]. La transaction qui a eu lieu une fois pour toute, au moment de la Révolution française, peut s'énoncer ainsi : émancipation individuelle en échange d'une dépolitisation collective, citoyenneté en échange d'une désactivation de la « nation » juive. Ce paradigme demeure pour Aron une prémisse. Mais réaliste, lucide, instruit par les leçons tirées de l'histoire récente, il l'infléchit ou le tempère, lui donne une coloration moins univoquement, plus sceptique. C'est sur ce fond que s'enlèvent la pensée et l'expérience d'Aron relativement à l'État d'Israël.

Car, avec la naissance de cet État-là, l'équation israélite est fortement mise à l'épreuve. Elle, l'est, pour Aron, doublement. Elle l'est d'abord, explicitement, relativement à sa hantise de l'accusation de double allégeance, donc celle d'être soupçonné de déloyauté envers la France. Elle l'est ensuite, plus furtivement, relativement à sa hantise de se voir accuser de partialité, de faillir à sa vocation de sociologue et d'analyste objectif. La première crainte se comprend aisément puisque avec la naissance d'un État « juif » et d'une citoyenneté israélienne s'ouvre à ceux qui, d'une manière ou d'une autre, se reconnaissent comme juifs la nécessité de se déterminer, pour eux-mêmes et pour les autres. Mais en quoi cet État viendrait affecter l'objectivité de l'analyste politique Aron ? Voilà qui demeure obscur. Ici, il faut supposer que le statut de citoyen français et celui de savant sont confondus dans l'esprit d'Aron, qu'ils soient, sinon complètement superposables, du moins étroitement liés. Alors on comprend que la déstabilisation de l'un entraîne immanquablement la déstabilisation de l'autre.

C'est pourquoi il convient de distinguer l'État d'Israël comme objet de pensée et objet d'expérience chez Aron.

(a) Comme objet de pensée, puisque Aron n'a cessé de s'interroger sur ce que pouvait signifier pour lui le fait d'être à la fois, sans

---

[1] Émile Durkheim dira des principes de 1789 : « Oubliez les conditions sociales dans lesquelles ils se sont produits pour les considérer en eux-mêmes, et vous n'y verrez qu'une suite de propositions abstraites, définitions, axiomes, théorèmes, qui se présentent comme le résumé d'une science définitive : c'est une sorte de bréviaire de sociologie, du moins d'une certaine sociologie. » (Durkheim, É., « Les principes de 1789 et la sociologie » [1889], in Durkheim, É., *La science sociale et l'action*, Paris, PUF, 1970, p. 216).

contradiction, juif et citoyen français. Face à l'advenue de l'État d'Israël, qui modifie les termes de la question, Aron demeure d'abord silencieux, puis se préoccupe essentiellement de réfuter que le fait juif puisse comporter, pour lui, une dimension proprement politique, afin de sanctuariser sa loyauté exclusive à la France.

(b) Comme objet d'expérience, car c'est par la déstabilisation *réelle* de l'autre statut, celui du savant, que va venir le drame. Effectivement, l'État d'Israël va surgir soudainement comme l'objet d'une expérience dramatique pour Aron lui-même en juin 1967, lorsque la guerre israélo-arabe devient inévitable, puis éclate. Ce drame comporte une double dimension : l'une objective, qui est la crainte, exprimée par Aron, de la destruction de l'État d'Israël. L'autre, subjective, qui est sa propre consternation relativement à cette crainte, comme si le sentiment éprouvé se tenait là, devant lui, sans qu'il ne parvienne à le maîtriser et à en rendre raison.

L'État d'Israël, objet de pensée

On ne trouve dans les écrits d'Aron aucune trace d'intérêt particulier pour l'État d'Israël jusqu'en 1960. La conférence qu'il prononce au Bnei Brith en 1951[2] n'y fait pas même une seule allusion. Pourtant, la naissance de cet État bousculait les termes du débat sur le fait juif en Europe, comme en témoigne la vive polémique qui opposa Isaiah Berlin à Arthur Koestler en 1950-1951[3]. Il convient d'en rappeler très schématiquement les termes parce qu'Aron avait probablement connaissance de cette polémique[4] même s'il n'y fait pas directement référence, mais surtout pour mieux cerner la position d'Aron lorsqu'il l'exposera dix ans plus tard. Koestler affirmait qu'avec la naissance de l'État d'Israël, les juifs se trouvent contraints de choisir : soit immigrer et rejoindre l'État d'Israël ; soit s'assimiler dans les nations européennes et disparaître. Cette alternative exclusive procédait de la reprise par Koestler de la définition du fait juif comme problème auquel une solution devait être recherchée. Le « miracle » de la naissance de cet État est pour lui,

2 Aron R., « Conférence au Bnei Brith de France » [1951], in Aron R., *Essais sur la condition juive contemporaine*, textes réunis et annotés par Perrine Simon-Nahum, Paris, Tallandier, « Texto », 2007.

3 Interview d'Arthur Koestler donnée en 1950 au *Jewish Chronicle* de Londres, reproduite dans l'essai, « Juda à la croisée des chemins. Une exhortation », in Koestler, A., *L'ombre du dinosaure*, trad. fr., Paris, Calmann-Lévy, « Liberté de l'esprit », 1956, p. 133-173. La réponse de Berlin, « Jewish Slavery and Emancipation », dans le *Jewish Chronicle* en 1951 est reproduite dans Berlin, I., *Trois essais sur la condition juive*, trad. fr., Paris, Calmann-Lévy, « Diaspora », 1973, sous le titre « Les Juifs, de la servitude à l'émancipation ».

4 Ceci m'a été confirmé oralement par Dominique Schnapper.

simultanément, le miracle de la dissolution du fait juif en Europe, donc de l'extinction de la diaspora. Isaiah Berlin opposa vivement à l'alternative exclusive de Koestler une approche pluraliste de la question posée aux juifs par la naissance de l'État d'Israël. Les juifs d'Europe sont affectés positivement par l'advenue de cet État, car désormais, souligne Berlin, une option leur est ouverte, option qui accroît leur liberté sans les contraindre de se déterminer sur un mode exclusif. L'existence de l'État d'Israël allège la charge qui pesait sur les juifs en Europe en ce sens que désormais ceux qui demeurent en diaspora ne seront plus soupçonnés de former un collectif séparé de nature quasi politique, dès lors que cette potentialité est réalisée *ailleurs*. Alors que Koestler pose que la naissance de l'État d'Israël dissout opportunément le fait juif en Europe, Berlin soutient que cet événement politique libère les juifs en neutralisant les possibilités que leur soit assigné un mode d'appartenance qu'ils ne font pas leur.

Pourtant, en 1951, Aron demeure silencieux. Il faut attendre 1960 (« Les juifs[5] ») et 1962 (« Les Juifs et l'État d'Israël[6] ») pour qu'il prenne position. Dans ce premier texte, Aron affirme que « l'existence d'Israël, bien loin de résoudre le problème juif, dans la mesure où ce problème comporte une solution, lui a donné une dimension supplémentaire ». Certes, « la citoyenneté ne se partage pas » car « nul ne saurait avoir deux patries », mais ceci n'implique pas, plaide Aron, de taire la sympathie, voire l'admiration pour ceux qui se sont lancés dans l'entreprise politique de la création d'un État. La naissance de l'État d'Israël, dit Aron explicitement, n'a pour l'instant affecté en rien la situation des juifs en Europe. Dans le texte de 1962, plus élaboré, Aron objecte au sionisme politique que la diaspora est consubstantielle au judaïsme, mais il ne condamne pas l'option étatique pour ceux qui la choisissent. Aron penche donc résolument du côté de Berlin, mais n'élabore pas théoriquement la manière dont l'avènement de cet État affecte politiquement, négativement ou positivement, l'existence des juifs en diaspora. Il affirme tout simplement que les juifs ne s'en trouvent pas affectés. Demeure, à l'arrière-plan de sa réflexion, la hantise, qui est aussi celle de Koestler et de Berlin, que le « problème » juif, non reformulé en Europe occidentale depuis la fin de la Guerre mondiale, puisse en être ravivé. Aron isole le fait politique que constitue la naissance de l'État d'Israël afin de sanctuariser son propre statut de citoyen patriote français, afin de le prémunir de tout soupçon, de

5 Aron, R., « Les juifs » [1960], in Aron, R., *Essais sur la condition juive*, cit., p. 187-206.

6 Aron, R., « Les Juifs et l'État d'Israël » [1962], in Aron, R., *Essais sur la condition juive*, cit., p. 211-234.

l'immuniser contre toute contamination, contre toute atteinte par ricochet.

La neutralisation de l'impact potentielle d'un État appelé juif sur le statut des citoyens israélites patriotes est son souci majeur. À cette occasion, Aron réitère ce qui signifie pour lui être juif en l'inscrivant dans le récit national israélite. L'émancipation a transformé un groupe de nature singulière, quasi politique mais non racial et non national, en citoyens français de confession israélite. Les juifs, devenus incroyants, ne cultivent à présent qu'un genre de fidélité particulière, qui a deux ressorts : fidélité familiale selon une logique filiale ; fidélité à un collectif qui a connu récemment les plus grandes persécutions, selon une logique de l'honneur (point qu'il souligna déjà dans son hommage radiodiffusé à Henri Bergson en 1941). Demeure donc un attachement à des valeurs universalistes métapolitiques dont le judaïsme fut certes le berceau mais dont le christianisme prit le relais. Sur cette base, ce qui relie Aron à l'État d'Israël est une sympathie, tout au plus un sentiment tempéré de bienveillance et d'empathie pour ceux qui ont opté pour ce choix, pour des raisons certes compréhensibles, mais que lui, Aron, dit ne pas partager. Il concède à cet État une sympathie « sans jamais lui accorder le loyalisme national qui va à [sa] patrie ». L'État d'Israël est donc, pour Aron, un objet qui n'a pas un grand intérêt jusqu'en 1960, puis un objet de pensée marginal jusqu'en 1967, peut-être un peu moins, mais certainement toujours périphérique. Sans ignorer les variations, on peut y voir une relative continuité.

L'État d'Israël, objet d'expérience

Il convient d'abandonner la chronologie, d'isoler le moment de la guerre des Six Jours des 6-12 juin 1967, pour cerner au plus près la place que vient occuper l'État d'Israël pour Aron *à même cet événement*. Cette place relève d'une logique politique singulière. Elle ne doit pas être rapportée à une pensée, à un raisonnement construit, mais au caractère éphémère d'une expérience inchoative. Aron, devant la menace de destruction qui pèse sur l'État d'Israël, écrit le 7 juin, au second jour des hostilités, dans un moment où la destruction de l'État d'Israël est donc une issue possible au conflit :

> « Étatcide », bien sûr, n'est pas génocide. Et les Juifs français qui ont donné leur âme à tous les révolutionnaires noirs, bruns ou jaunes hurlent maintenant de douleur pendant que leurs amis hurlent à la mort. Je souffre comme eux quoi qu'ils aient dit ou fait, non parce que nous sommes devenus
> Sionistes ou Israéliens, mais parce que monte en nous un mouvement *irrésistible* de solidarité. *Peu importe d'où il vient.* Si les grandes puissances selon le calcul froid de leurs intérêts laissent *détruire le petit État qui n'est*

> *pas le mien*, ce crime, modeste à l'échelle du nombre *m'enlèverait la force de vivre* et je crois que des millions et des millions d'hommes auraient honte de l'humanité[7].

Cet extrait d'un article publié le 7 juin 1967 dans *Le Figaro*, retranscrit par Aron lui-même dans ses *Mémoires*, frappe par un pathos inhabituel. Il comporte une *énigme*, difficile à déchiffrer. Qu'est-ce que ce brusque surgissement de l'État d'Israël dans le moment de la guerre des Six Jours ? Ce surgissement ne relève pas même d'un *Erfahrung*, d'une expérience dont un sujet tire, dans l'après-coup, un savoir positif, mais d'un *Erlebnis*, d'une expérience vécue, mot qui signifie, avant sa promotion au rang de concept philosophique, « être encore en vie après un événement[8] ».

Afin d'élucider cette énigme, il convient de reprendre dans le détail cette prise de position, qui est aussi une confession. Premièrement, « *Étatcide n'est pas génocide* », pose Aron en introduction : quelque chose se répète, et même s'il ne s'agit pas d'une stricte équivalence, la destruction redoutée de l'État d'Israël fait signe vers la destruction passée, vers la Shoah dirait-on aujourd'hui. Deuxièmement, l'État d'Israël est qualifié de « *ce petit État qui n'est pas le mien* ». Ceci est conforme à la position exprimée depuis 1960, résumée plus haut par la formule « on ne saurait avoir deux patries ». Certes, Aron y disait aussi par avance : « Quand il s'agit des juifs et de leur destin, je ne saurais sans hypocrisie feindre l'objectivité du spectateur pur ». Mais ici, il s'agit de l'État d'Israël qu'Aron avait pris soin de séparer politiquement du fait juif en Europe. Et, relativement à cet État, Aron dit dans ses *Mémoires*[9] : « La naissance de l'État d'Israël ne souleva en moi aucune émotion », et un peu plus loin : « Je pris acte de la naissance de l'État d'Israël sans éprouver un sentiment de victoire ». Troisièmement, le lien avec cet État est décrit par Aron comme un processus et non un fait préalable, ce qu'indique la formule « monte en nous un sentiment irrésistible de solidarité ». Ce sentiment ne précède pas l'événement mais émerge dans l'événement. En tant qu'« irrésistible », il équivaut à l'échec d'une résistance à sa montée, donc d'un défaut de maîtrise. Aron signale qu'il y a débordement de l'émotion pour un État qu'il affirme n'être pas le sien et dont il se bornât à prendre acte de la naissance, sans émotion aucune. Quatrièmement, sa destruction « m'enlèverait la force de vivre » : l'enjeu est donc pour Aron manifestement existentiel. Il le

---

7 Aron, R., *De Gaulle, Israël et les juifs*, Paris, Plon, 1968, p. 69-70, c'est nous qui soulignons.

8 Flasch, K., *Prendre congé de Dilthey*, trad. fr., Paris, Les Belles Lettres, 1988, p. 78.

9 Aron, R., *Mémoires. 50 ans de réflexions politiques*, Paris, Julliard, 1983, p. 500, puis p. 506.

porte sur le plan le plus sérieux de la politique, lorsque, pour parler comme Carl Schmitt, l'intensité des antagonismes met en jeu l'existence même des collectifs politiques. Alors, on comprend mal pourquoi Aron est, non pas simplement concerné, mais tout entier requis par un événement qui concerne un État qui se trouve ne pas être sien. Enfin, il convient de souligner qu'à propos de « ce sentiment irrésistible qui monte en nous », Aron indique par avance que « peu importe d'où il vient ». Ce n'est pas que, pour Aron, l'origine de ce sentiment n'importe pas en général. On peut supposer qu'Aron laisse entendre qu'en la circonstance dramatique, dans l'urgence, la pensée, paralysée, ne trouve pas le temps de s'exercer et qu'une clarification aura lieu, ultérieurement. Pourtant, cette clarification ne viendra pas. Certes, faisant retour sur l'événement, Aron se demandera si l'émotion n'était pas excessive ; il notera, en sociologue, qu'est née avec cet événement une communauté juive, un genre d'acteur qui jusqu'alors n'avait que très peu de consistance. Mais le débordement demeurera impensé. Le « peu importe d'où il vient » apparaît rétrospectivement comme un fond obscur, une espèce d'énigme.

Cette expérience fut collective et Aron la considère telle, puisqu'il dit « nous », il écrit à la première personne du pluriel. Les historiens le confirment, la guerre des Six Jours a transformé les juifs français, mais la teneur de cette expérience demeure opaque. Et, effectivement, on trouve d'innombrables traces de cette expérience collective. En voici un témoignage récent, particulièrement frappant :

> La guerre des Six Jours a été mon chemin de Damas. Je me revois en effet, avant 1967, au lycée Camille Sée, parlant avec des élèves sionistes. Je me sentais tout à fait étrangère à leur monde. Certes, je n'étais pas anti-israélienne […] ; m'engager pour Israël me semblait une infidélité aux cinq personnes de ma famille disparues à Auschwitz sans que je comprenne, enfant, ce qui était arrivé. La guerre des Six Jours a tout changé, car la *panique* que j'ai ressentie devant la possibilité d'un nouvel anéantissement a été un moment fondateur. J'ai alors réalisé que je tenais à Israël comme à la prunelle de mes yeux. Avec la plupart des Juifs, y compris quelques antisionistes militants, je me suis découvert un attachement *viscéral* à l'existence d'Israël[10].

Ce témoignage concorde point pour point avec celui d'Aron. C'est bien de la *même* expérience dont il s'agit. Cette expérience a une structure, à tout le moins une forme régulière. Premièrement, l'événement redouté de la destruction de cet État est confusément superposé à l'extermination des juifs d'Europe. Deuxièmement, l'imminence de la

---

[10] Fontenay, É. de, *Actes de naissance*, entretiens avec Stéphane Bou, Paris, Seuil, 2010, p. 13, c'est nous qui soulignons.

destruction a suscité une peur panique. Troisièmement, l'événement révèle quelque chose pour celui qui en fait l'expérience : cette révélation consiste dans l'attachement « viscéral » à l'existence de l'État d'Israël ou l'attachement existentiel à cet État — attachement jusqu'alors insoupçonné, insu, ignoré, qui éclate au grand jour, se révèle au sujet lui-même. Il y a donc ici transformation du sujet dans l'expérience, processus de subjectivation à travers l'expérience d'un événement. On peut donc raisonnablement conférer à la panique ressentie dans la guerre des Six Jours le statut d'expérience typique[11].

Mais qu'est-ce qu'un attachement viscéral, et qu'est-ce qu'investir un État d'une importance existentielle pour soi-même, dès lors que lui est déniée la capacité de capter toute allégeance politique ? Aron écrit le 4 juin 1967, trois jours avant la panique du 7 juin : « Aucun autre drapeau que tricolore, aucun autre hymne que *la Marseillaise*, ne mouillera jamais mes yeux[12] ». Comment alors la menace qui pèse sur cet État peut-il susciter une panique telle que le sujet de l'expérience s'en trouve, à sa propre surprise, transformé, à même l'événement ? La déstabilisation est bien ici d'abord celle du savant Aron, non du citoyen Aron. Dans son commentaire de 1952 des deux conférences de Max Weber, *Wissenschaft als Beruf* et *Politik als Beruf*, Aron faisait sienne la conscience aiguë du péril souligné par Weber « que la pureté de la pensée rationnelle soit corrompue par des prises de position politiques et des effusions sentimentales[13] ». Dans l'événement 1967, c'est pourtant ce qui semble se produire. Lorsqu'il s'agit du « destin des juifs », il lui est difficile de parvenir à l'objectivité, avait déjà averti Aron. Mais lorsqu'il s'agit de l'État Israël, de sa politique intérieure ou extérieure, Aron n'éprouve aucune difficulté particulière à se tenir dans la position de l'analyste politique qui observe froidement l'antagonisme des intérêts nationaux (rétrospectivement, la lucidité de ses analyses sur le conflit israélo-arabe en témoigne). Et lorsqu'il en va de *l'existence* de l'État d'Israël, il ne le peut plus, semble-t-il. Alors, on peut en conclure, par

---

11 Hannah Arendt, pourtant défavorable au sionisme politique depuis 1943, puis à l'État d'Israël, confiera à son amie Mary McCarthy, dans une lettre datée d'octobre 1969, une expérience du même ordre : « Les juifs pensent : empires, gouvernements, nations vont et viennent ; le peuple juif demeure. Il y a quelque chose de grand et quelque chose d'ignoble dans cette passion ; je ne crois pas la partager. Pourtant je sais que toute véritable catastrophe survenant en Israël me toucherait plus profondément que n'importe quelle autre, ou presque. » (Arendt, H., et McCarthy, M., *Correspondance, 1949-1975*, trad. fr., Paris, Stock, 1996, p. 361).

12 Aron, R., « Face à la tragédie » [*Le Figaro littéraire*, 12 juin 1967], in Aron, R., *Essais sur la condition juive*, cit., p. 127.

13 Aron, R., « Science et politique chez Max Weber et aujourd'hui » [*Liberté de l'esprit*, n° 34, octobre 1952, et n° 35, novembre 1952], in Aron, R., *Les sociétés modernes*, Paris, PUF, p. 179-203.

déduction, que l'existence de cet État et le destin juif sont liés pour Aron, sans qu'il qualifie ni ne pense cette liaison. Ils sont donc intriqués dans son expérience sans être l'objet d'une pensée.

La panique d'Aron manifestait à l'évidence une politisation du nom juif en ces jours de juin 1967, politisation certes confuse, non thématisée, versée au compte d'une émotion débordante. Après le soulagement « d'être encore en vie après un événement », une fois passé le plus grand danger, Aron s'en détourne pour affronter le regard de l'autre, celui du chef de l'État qu'il entend parler avec un accent maurrassien. Son énergie, dans l'immédiate après-crise, Aron la consacre à régler ses comptes avec de Gaulle, qui, devant la victoire militaire éclair de l'État d'Israël, prononcera dans une conférence de presse la fameuse phrase sur « le peuple d'élite sûr de lui et dominateur ». Aron réplique en se repliant sur le portrait sartrien du juif hétéro-déterminé : « Je n'ai jamais été sioniste, d'abord et avant tout parce que je ne m'éprouve pas juif[14] », écrit-il. Aron est alors conduit à refaire la leçon israélite, à dire qu'il n'y a pour les juifs d'autre roman que le roman national français, de redire la désactivation politique du nom juif en direction du pouvoir politique qui opère une séparation malencontreuse des juifs d'avec les autres Français, qui active soudainement le soupçon que la transaction israélite puisse ne pas être complètement sincère et irréversible.

Le scandale, pour Aron, consiste en ceci : de Gaulle attribue aux Israéliens triomphateurs des éléments d'une caractériologie typiquement antijuive et libère pour la première fois depuis la Libération une parole antisémite. Voilà que l'existence de l'État d'Israël se répercute négativement sur la situation des juifs français. Voilà que les juifs se voient attribués collectivement, en tant que peuple, des vertus politiques propres, qu'ils sont donc sournoisement repoussés par le chef de l'État à l'extérieur de la communauté nationale. Telle est pour Aron la faute politique outrageante et impardonnable de De Gaulle : celle d'avoir politisé le nom juif. De Gaulle dira avec une certaine candeur qu'il ne s'agissait là en aucun cas d'une insulte mais plutôt d'un compliment. En lisant les *Mémoires* de De Gaulle, avec le recul du temps, on voit bien que se mélange chez ce militaire, comme chez Napoléon, une culture romantique chrétienne, mêlée à un goût des belles épopées et des grands destins collectifs : un peuple dispersé mais tenace retrouve sa terre après deux millénaires d'errance et de persécutions et la défend farouchement. Par manque de tact, par indélicatesse, par ignorance surtout des hantises

14 Aron, R., « Le temps du soupçon » [28 décembre 1967], in Aron, R., *Essais sur la condition juive*, cit., p. 83.

israélites, de Gaulle ruine négligemment, sans même s'en apercevoir, le paradigme israélite qui repose sur la dépolitisation du nom juif.

Toutefois, le fond de la charge d'Aron contre de Gaulle semble tenir en ceci : l'État d'Israël, en tant qu'il *existe*, c'est-à-dire au seuil de sa négation, a été l'objet d'une expérience furtive, dans un moment de peur intense où s'éprouve une impuissance, alors que de Gaulle qualifie les juifs de sûrs d'eux et dominateurs. Ceux qui ont paniqué se sont sentis vulnérables, ils ont éprouvé que leurs vies mêmes étaient en jeu, mais de Gaulle les imagine puissants et excessivement confiants, comme si la victoire militaire était la leur. Impuissants dans la crise, ils sont accusés d'un excès de confiance dans l'immédiate après-crise. Peut-il y avoir là plus grande incompréhension ?

Aron — que les aroniens me pardonnent — n'a pas les moyens de penser le genre de sujet politique furtif que la crise de 1967 a soudainement fait surgir. Ce sujet politique s'est effectivement distingué, dans la crise, des autres Français. Ou plutôt : il a brusquement émergé comme distinct dans le moment de la crise. Aron, indigné, le constate : les juifs « hurlent maintenant de douleur pendant que leurs amis hurlent à la mort ». Si Aron ne se donne pas les moyens de comprendre ce qui s'est joué dans la crise de 1967, c'est parce ses catégories d'analyse sont calées, politiquement et théoriquement, à la transaction israélite qui est homogène avec la forme classique de l'État-nation français. Sa conférence de 1974, « Une citoyenneté multinationale est-elle possible[15] », apparaît comme un exercice habile mais vain d'assouplissement du modèle — modèle qu'Aron tente d'aménager afin qu'il soit capable d'intégrer des strates d'allégeances, qu'elles soient infranationales comme les « mininationalismes », c'est-à-dire les régionalismes, ou supranationales comme l'Europe, sans contrevenir au principe de citoyenneté. S'y trouve par-là potentiellement atténuée la question de la double allégeance comme problème général, celle qui fait signe vers la figure du citoyen, mais ce déplacement n'est qu'une correction marginale d'un cadre qui demeure globalement inchangé. Surtout, ce cadre, même réaménagé, ne peut accueillir théoriquement le moment 1967 qui vit vaciller sa posture de savant, non celle de citoyen. La phrase de De Gaulle, jugée outrageante, atteignait la figure du citoyen, mais dans l'après-crise. Au risque de déstabilisation du citoyen dans l'après-crise, Aron réplique, ferraille, mais face à la déstabilisation *réelle* du savant *dans* la crise, il demeure silencieux. Le « peu importe d'où il [ce sentiment irrésistible] vient » qui semblait pourtant annoncer

[15] Aron, R., « Une citoyenneté multinationale est-elle possible ? » [conférence prononcée en avril 1974], in Aron, R., *Les sociétés modernes*, cit., p. 781-797, reproduit en annexe du présent volume.

une explication ultérieure devait-il plutôt être pris au pied de la lettre, comme une simple impossibilité d'en dire quelque chose d'articulé ?

La figure, vers laquelle le moment 1967 fait signe, demeure pour Aron insaisissable. Dans le passage intitulé « Défense de l'État-nation » de la même conférence de 1974, Aron dit :

> Les Juifs de ma génération ne peuvent oublier la précarité des droits de l'homme, dans le monde tel qu'il est, lorsqu'ils ne coïncident pas avec le droit des citoyens. Or, les droits du citoyen impliquent aussi des devoirs et, le premier de tous, dans la tradition continentale de l'Europe, est de servir sous les drapeaux, si l'État ou les circonstances l'exigent[16].

Ici, Aron sait qu'il ne fait, somme toute, que répéter la doxa républicaine. Il ajoute aussitôt : « On me reprochera peut-être ce classicisme, sinon l'anachronisme de cette analyse. » Aron s'excuse de cette platitude, il la verse au compte d'un conservatisme dont il sait qu'il sera jugé vieillot, alors qu'il en va pour lui d'un simple réalisme. Pour Aron, l'État-nation a été et demeure le lieu indépassable de la réalisation des droits et des devoirs égaux. L'État-nation est, depuis l'avènement de la modernité, le cadre factuel, effectif, et donc exclusif, de la réalisation de la communauté politique. Pourtant, c'est précisément au moment où il énonce cette proposition qu'il rappelle l'expérience des juifs, qui est expérience de la précarité.

Pour penser « ce sentiment irrésistible de solidarité » du 7 juin 1967, il eut fallu qu'Aron soit non pas moins mais davantage anachronique. Il eut fallu qu'il situât sa réflexion théorique à la mesure de la régression émotionnelle, éprouvée dans le moment 1967. La réflexion théorique doit ici non pas se hisser, mais s'ajuster en *s'abaissant* sur le plan de l'archaïsme révélée dans l'expérience. Le pendant théorique de la panique ressentie à même l'événement s'ordonne autour d'une figure qui n'est pas celle du citoyen, mais celle qui, en deçà de toute citoyenneté, et non au-delà d'elle, quête la protection du pouvoir. Elle fait signe vers un trait politique antérieur à la Révolution française et à l'émancipation, trait politique archaïque hérité, que la modernité politique n'a jamais complètement effacée, que la transaction israélite n'a pas complètement résorbée. À l'ère de la citoyenneté, lorsque les servitudes et privilèges collectifs sont abolis, elle se manifeste comme demande de sécurité et de réassurance, de protection d'individus désormais émancipés qui, pourtant, lorsque surgit la menace, demandent une protection par *surcroît*. Ce surcroît est illégitime, donc indicible, dès lors que la figure du citoyen repose sur l'équation égalitaire en termes de droits et de devoirs. C'est pourquoi Aron qui résorbe et annule l'expérience de la précarité dans la forme de l'État-nation, sans reste, détourne son regard

16 *Ibid.*, p. 795.

de ce qui déborde dans la crise 1967. C'est bien un reste, un manque, qui s'y est manifesté de manière intempestive. Ce « nous », surgi furtivement dans la crise pour aussitôt s'évaporer avec elle, n'est donc ni infrapolitique ni suprapolitique, mais, pour ainsi dire « paléopolitique », situé en amont de la césure politique moderne. Ce surcroît surgit d'un manque qui demeure, en période de routine, présence latente, sous la forme de traces des crises passées, qu'Aron a effectivement constamment à l'esprit et que la phrase de De Gaulle ne fait que raviver comme de mauvais souvenirs.

Ce trait politique, ce reste qui perdure par-delà la césure politique moderne, doit être rapporté au mode d'entrée des juifs dans la modernité : ils ne furent pas émancipés en tant que peuple mais comme individus, un à un, de sorte qu'ils continuèrent de porter individuellement un trait politique qu'Aron ne peut saisir théoriquement mais qu'il éprouve dans l'adversité. L'État d'Israël n'est alors rien d'autre que la matérialisation de ce surcroît demandé et obtenu, mais posé en extériorité. Il est ce manque constitutif, confusément comblé, mais projeté hors de l'Europe. L'État d'Israël n'est donc pas ici une « nation », le lieu politique de la distribution égalitaire des droits et des devoirs, mais le pendant de la fonction protectrice de l'État réalisée ailleurs. Telle est la raison pour laquelle l'État d'Israël n'émerge, dans sa consistance propre, qu'à l'aune de la menace qui pèse sur son existence. Si la hantise de son effacement fait signe, dans la panique, à la destruction des juifs d'Europe, elle ne doit pas être référée à une comparaison raisonnée (cela, qu'Aron le souligne nettement : « "Étatcide", *bien sûr*, n'est pas génocide »), mais à la nature spectrale d'un État qui, depuis son avènement, allège un sentiment de précarité aussi insurmontable que la fonction de cet État, pour les juifs d'Europe, est indicible. Un rapport est donc noué avec *l'existence* de cet État, non avec sa politique dont Aron n'a effectivement aucune peine à analyser lucidement la conduite. Telle est également la raison pour laquelle cette entité chargée d'affect, ce « petit État qui n'est pas le sien » et dont pourtant la destruction est tant redoutée, est si difficile à cerner pour Aron et les juifs citoyens français comme pour de Gaulle et les autres citoyens français. C'est en se détournant de cette énigme, en fermant les yeux sur sa propre expérience qu'Aron nous conduit, bien malgré lui, sur la voie de son déchiffrement.

Deuxième partie

Penser politiquement l'Europe

L'Europe comme corps politique ?

L'analyse aronienne de la construction européenne

Agnès BAYROU

L'Europe peut-elle être un corps politique ? La question que nous avons à traiter est double. Elle est d'abord une question scientifique, portant sur la nature des corps politiques. Mais elle est en même temps une question civique ou politique concernant la possibilité et le bien-fondé de l'entreprise européenne. Or, les deux dimensions de la question se mêlent et se chevauchent. Car l'intensité du débat civique est un indice du degré de politisation d'un groupement humain. Tandis que la définition rigoureuse d'un objet politique contribue à alimenter la discussion collective sur cet objet. La réflexion de Raymond Aron sur la construction européenne nous place au cœur de cette dualité, nouant ensemble l'analyse scientifique et l'argument politique. C'est ce que nous voudrions montrer dans cet exposé.

Comment parler de l'Europe

Pour ce faire, nous partirons d'une longue citation de Raymond Aron. À l'hiver 1956-1957, celui-ci fut invité à prononcer une conférence sur la Communauté européenne naissante, devant un ensemble de représentants des milieux économiques français et suisse[1]. Il entama sa conférence de la manière suivante :

> Tout le monde a l'impression que le thème de l'unité européenne est en soi un thème excitant. Or, il est usé par plusieurs années de discours dominicaux, plusieurs années de conférences répétées et j'ai peur à l'avance de ne pouvoir éviter deux dangers : l'un est celui des platitudes solennelles, l'autre celui de la technicité pédante. Entre les propositions générales que vous connaissez tous et les détails techniques que certains connaissent mieux que moi, je ne suis pas sûr qu'il y ait une voie moyenne. Ma seule

[1] L'intervention d'Aron s'inscrivait dans un cycle de conférences organisé à Paris par la Chambre de Commerce suisse en France. Les textes de ces conférences ont été publiés sous le titre *L'unification économique de l'Europe*, Neuchâtel, Éditions de la Baconnière, 1957.

> chance, c'est qu'on a tant parlé de l'Europe qu'on ne sait plus trop de quoi il s'agit. [...] Mon espoir est de mettre un minimum de clarté dans ce problème obscurci à force d'être éclairé trop souvent[2].

Il est remarquable qu'Aron ait prononcé ces mots au commencement de l'année 1957, alors que le traité de Rome n'est pas encore signé. Au moment même où les Six États fondateurs cherchent à se constituer en Communauté, la question européenne, dirait-on, est déjà épuisée. Ce constat, qu'il faut bien dire pessimiste, nous confronte d'emblée au caractère politiquement incertain de l'objet européen.

À quoi tient, en effet, le pessimisme aronien ? Ce pessimisme s'attache au fait que nous, Européens, sommes incapables de parler politiquement de l'Europe. Au sujet de l'Europe, dit Aron, nous oscillons entre l'évidence creuse et la précision technique. Or, il faut voir que l'une comme l'autre s'écartent également du discours politique. Par nature, le discours politique est à la fois compréhensible et significatif, intéressant mais accessible. Portant sur les affaires communes, il échappe à la trivialité de la communication quotidienne sans retomber dans le savoir spécialisé réservé à quelques-uns. Si le débat européen s'englue ici dans la banalité, là dans la technicité – si ni d'un côté ni de l'autre, il ne parvient à nous intéresser – c'est donc que jamais il ne se hisse au niveau de la parole politique. Bref, Aron suggère que nous ne tenons pas, sur l'Europe, de conversation politique véritable. De cela, nous serions fondés à conclure que l'Europe n'est pas (ou pas encore) un corps politique, puisque aucune délibération civique ne l'anime de l'intérieur. Et qu'elle n'est pas (ou pas ouvertement) un projet politique, dans la mesure où elle n'est pas non plus l'objet d'une dispute politique claire et honnête.

À cela, on objectera sans doute que, depuis ses débuts, la construction européenne a été le sujet de débats incessants. Comment Aron peut-il donc soutenir que la discussion politique sur l'Europe a été manquée ? Pour sûr, nous avons abondamment parlé d'Europe. Mais, précisément, Aron dirait que nous en avons trop et trop mal parlé. D'une part, en effet, nous nous accordons sur certaines vérités qui cependant ne nous indiquent pas dans quel sens diriger notre action. Par exemple, lorsque nous affirmons que la Communauté européenne a rendu possible la paix, cette proposition, pour vraie ou vraisemblable qu'elle soit, ne nous permet pas de savoir si la poursuite de l'intégration est ou non nécessaire. D'autre part, les clivages et oppositions qui organisent le

---

2 Aron, R., « L'Union française et l'Europe », in *L'unification*, cit., p. 9. Le ton d'Aron dans cette conférence est de bout en bout sans concessions, puisqu'il termine de la façon suivante : « Mais je voudrais vous dire que j'ai horreur de l'optimisme de principe ou du conformisme des discours européens » (p. 32).

débat européen ne dévoilent pas, selon Aron, les véritables enjeux de l'entreprise européenne. Ainsi Aron suggérait-il que l'opposition entre socialistes et démocrates-chrétiens était trompeuse, car il ne s'agit pas de savoir si l'Europe forme un club chrétien mais si elle sera, ou ne sera pas, une union politique. Et le clivage, apparemment profond, entre fédéralistes et partisans du système intergouvernemental paraît aux yeux d'Aron à peine plus pertinent, la véritable question étant de savoir si un peuple européen émergera jamais pour faire fonctionner tel ou tel système institutionnel[3]. Ainsi, ni nos accords, ni nos désaccords ne semblent-ils aptes à éclairer le problème politique européen.

Dans ces conditions, la tâche de la science politique apparaît clairement. Elle consisterait à reposer le problème européen de manière à rendre possible la conversation politique au sujet de l'Europe. « Mon espoir, disait Aron, est de mettre un minimum de clarté dans un problème obscurci. » La clarté dont il s'agit ici est celle nécessaire à la prise de position et à la discussion civique. Si le problème européen exige d'être éclairé, c'est afin de devenir l'objet d'une confrontation raisonnable. Ainsi, en donnant forme et contenu à l'idée d'Europe politique, la science politique servirait-elle à ranimer une parole politique atone.

Ressaisir l'idée de l'unité européenne avec les moyens de la science politique, c'est ce que nous allons tenter tout à l'heure. Cependant, avant d'entamer notre enquête, une dernière question préliminaire s'impose. Le jugement d'Aron datant de 1957, il est en effet légitime de s'interroger sur sa pertinence pour nous. Ce jugement nous concerne-t-il encore ? Certes, l'unité européenne a considérablement avancé depuis cette date. Certains indices tendent pourtant à prouver que nous ne sommes pas entièrement sortis de la confusion dont parlait Aron. Parmi ces indices, retenons simplement le fait que nous ne savons pas décider si l'Union européenne est déjà, ou n'est pas encore, une union politique, de même que nous avons de la peine à dire si elle possède ou non une Constitution. En tant qu'elle assure la paix à l'intérieur de ses frontières, et produit de la réglementation, l'Union ne forme-t-elle pas un ensemble politique ? Mais nous savons bien aussi qu'une Europe politique serait autrement active. La série des traités européens ne constitue-t-elle pas, pour l'Union, un fondement constitutionnel ? Et pourtant, nous n'ignorons pas que l'Europe a évité de se doter explicitement d'une

---

[3] « La controverse entre les partisans d'une Europe des États et ceux de l'Europe intégrée a à peine touché le cœur de la question. [...] La vraie question est différente et elle est beaucoup plus élémentaire. Les vieilles nations veulent-elles abdiquer en faveur de la jeune Europe – et le peuvent-elles ? » (Aron, R., « Old Nations, New Europe », in *A New Europe ?*, Boston, Houghton Mifflin Company, 1964, p. 50).

Constitution[4]. Ainsi l'Europe politique, la fédération européenne fondée sur une Constitution, nous paraissent-elles à la fois toutes proches – pour ainsi dire, déjà là – et très lointaines – peut-être inatteignables. D'où notre difficulté à nous positionner par rapport à une entité politique à la fois trop proche et trop distante.

Ce qu'est un corps politique

La tâche de la science politique serait de nous permettre de prendre position par rapport à l'Europe politique en nous disant ce qu'elle est. Plus précisément, la science politique devrait nous aider à saisir ce que l'idée d'une Europe politique recouvre, si cette idée est (partiellement) réalisée, si elle est réalisable ; enfin si la mise en œuvre d'une telle idée est souhaitable, eu égard à certains critères que nous nous fixons. Au fond, toutes les interventions d'Aron concernant la construction européenne visent à répondre, d'un côté ou de l'autre, à cette série d'exigences. Or, le traitement de la question dépend entièrement de la définition adoptée d'une unité politique. Si l'on considère, par exemple, que la politique consiste essentiellement dans la gestion pacifique et bien réglée des rapports individuels, on sera porté à juger que l'Union européenne forme d'ores et déjà un ensemble de nature politique. Mais, pour Aron, il n'est pas vrai que l'objet de la politique « soit exclusivement d'assurer l'exercice régulier et tranquille des activités de tous et de chacun[5]. » À l'inverse, si l'on considère qu'une société est politique lorsqu'elle se dote d'un souverain capable de décider au nom de tous et spécialement en situation de crise, le caractère politique de l'Union paraîtra bien plus incertain. Or, dans la pensée d'Aron, l'autorité souveraine apparaît plutôt comme un instrument essentiel à la vie du corps politique que comme son fondement déterminant[6]. Ce que nous

---

4 Au début des années 2000, J. H. Weiler tentait de surmonter la difficulté en parlant, à propos de l'Europe, d'une Constitution sans constitutionnalisme, c'est-à-dire sans adoption ou consécration de l'architecture institutionnelle de l'Union par un *démos* européen. « C'est une Constitution, sans certaines conditions élémentaires du constitutionnalisme. » (Weiler, J. H., "Federalism without constitutionalism: Europe's *Sonderweg*", in *The Federal Vision*, Oxford, Oxford University Press, 2011, p. 57).

5 Aron, R., *Paix et guerre entre les nations*, Paris, Calmann-Lévy, 1962, p. 736.

6 Aron a voulu penser la souveraineté, mais en l'inscrivant dans la communauté politique dont elle est l'organe ; de même qu'il a affronté la question de l'ennemi tout en l'ordonnant à la finalité de la politique qui est l'amitié. D'où sa lecture à la fois compréhensive et nettement critique de l'œuvre de Carl Schmitt. Sur ce sujet, cf. De Ligio, G., « La vertu politique. Aron penseur de l'ami et de l'ennemi », journée d'étude CESPRA-EHESS, 4 juin 2010 (publié en italien : « La virtù politica tra amico e nemico. Raymond Aron e il "criterio" di Schmitt », in *Rivista di Politica*, I, 2011, p. 103-130). Giulio De Ligio cite notamment cette phrase d'Aron extraite d'une lettre à Julien Freund : « La finalité de la politique est l'amitié. Mais dans l'état

avons donc à chercher prioritairement dans la science politique d'Aron, ce sont les caractères qui distinguent selon lui une communauté de rang politique.

Nous pouvons résumer la définition aronienne de la communauté politique de la manière suivante. Des divers écrits d'Aron, il ressort qu'un groupement est politique dès lors qu'il suscite un sentiment, ou plutôt, un certain sens[7] d'appartenance à l'intérieur, lié à une capacité d'action à l'extérieur. Trois remarques s'imposent au sujet de cette définition. Premièrement, celle-ci apparaît à la fois très générale et relativement précise. La définition reste générale, puisque les notions d'appartenance et d'action sont essentiellement vagues, ce qui ne veut pas dire inconsistantes. Autrement dit, la conception aronienne laisse place, en théorie du moins, à différentes organisations possibles de l'unité intérieure et de l'action. Elle laisse place à l'existence de diverses formes politiques. Pourtant, la formule d'Aron possède une réelle efficacité distinctive ; elle permet de discriminer effectivement entre les différents types de groupement. En effet, si tous les groupes humains supposent un certain niveau d'intégration, peu d'entre eux sont voués à l'action. Il ne suffit pas, en d'autres termes, qu'une association assure un certain niveau de cohésion interne pour être de nature politique.

Deuxième remarque : il faut insister sur la complémentarité entre les deux éléments de la définition. En effet, le lien d'appartenance et la capacité d'action ne sont pas seulement tous deux nécessaires à l'existence d'une unité politique, mais ils se définissent réciproquement. Ainsi la cohésion interne à une unité politique est-elle orientée vers l'action collective. L'identité culturelle du groupe a sans doute sa valeur en soi, mais elle n'est pas séparable du projet d'action autonome de ce groupe. À rebours, l'action commune forge et trempe la conscience des individus d'appartenir à une même unité. Cette dialectique nous paraissait importante à dégager, dans la mesure où elle contribue à empêcher l'un ou l'autre élément de se clore sur lui-même. (L'identité du groupe n'est pas close, parce qu'elle trouve sa finalité dans l'action ; l'action ne s'abîme pas dans l'arbitraire pur, parce qu'elle est inscrite

---

de nature, c'est-à-dire en politique extérieure, le risque d'inimité est la donnée première. » Cette phrase nous renvoie à divers passages de l'œuvre d'Aron. Dans *Dimensions de la conscience historique*, on lit par exemple: « Si la politique est raison, vertu, paix, la guerre en est la négation. Si raison, vertu, paix ne se réalisent qu'en de brèves périodes heureuses, la guerre offre l'image du train courant de l'existence humaine, incapable de l'ordre qu'elle conçoit et de la fin à laquelle elle tend. » (Aron, R., *Dimensions de la conscience historique*, Paris, UGE, 1965, p. 155-156).

7 Ce terme est sans doute plus juste, dans la mesure où l'identification du citoyen à la communauté politique n'est pas purement affective et aveugle, mais aussi rationnelle et consciente.

dans une communauté de citoyens.) Enfin, en troisième lieu, on remarquera que, pour Aron, le régime politique[8] est cela même qui assure l'articulation entre les deux composantes de l'unité politique. En effet, l'autorité politique est bien le vecteur efficace de l'unification intérieure et de l'action extérieure du groupe. De plus, la production de l'autorité politique assure la prise de conscience collective du groupe, indispensable à son unité comme à son action. En désignant l'autorité, les citoyens prennent conscience de leur coappartenance, et ils prennent aussi en vue l'action que l'autorité légitime sera en mesure de conduire. Tout cela nous semble finalement contenu dans la formule d'Aron, selon laquelle une unité politique est une « collectivité humaine consciente de son originalité et résolue à l'affirmer face aux autres collectivités[9]. »

À partir de là, il devient aisé de déterminer si l'unité européenne est de nature politique et si elle peut le devenir.

L'improbable métamorphose politique de l'Europe

Comme nous l'avons perçu en introduction, l'Europe du temps d'Aron ne constitue pas pour lui un corps politique. En effet, ce que l'application des critères précédemment établis révèle, c'est que l'articulation entre les différentes composantes de la communauté politique ne fonctionne pas à l'échelle européenne. La civilisation européenne existe, les Communautés ne font pas rien, les institutions européennes travaillent, mais ces éléments ne semblent pas s'agencer de façon politique.

Premièrement, l'unité culturelle européenne, pour Aron, est bien reconnaissable ; mais elle n'est pas telle qu'elle se mue en un sentiment d'appartenance politique et qu'elle puisse fonder une action collective des Européens[10]. Aron n'est pas de ceux qui doutent systématiquement de la consistance des réalités collectives[11]. Ainsi l'Europe existe-t-elle,

---

8 « La politique, c'est par essence ce que les Grecs appelaient le régime de la cité, c'est-à-dire le mode d'organisation du commandement considéré comme caractéristique du mode d'organisation de la collectivité tout entière. » (Aron, R., *Démocratie et totalitarisme*, Paris, Gallimard, 1965, p. 27).

9 Aron, R., *Paix et guerre entre les nations*, cit., p. 733.

10 Si l'on voulait reprendre les termes du débat contemporain, on pourrait dire que l'identité européenne existe (au sens d'unité de civilisation), mais qu'elle ne suscite pas d'identification politique.

11 Ceci, bien sûr, est d'autant plus visible à propos des nations. Celles-ci ont non seulement une réalité, mais une vocation particulière. C'est d'ailleurs ce qui les distingue de l'Europe : les nations ont conscience d'elles-mêmes et de l'idéal qu'elles représentent. C'est pourquoi elles peuvent poursuivre des fins qui leur sont propres. Ainsi, écrit Aron : « Il ne me paraît nullement illégitime de définir les nations comme

bien que ses contours soient flous. Elle pourrait être définie comme un fait de civilisation, c'est-à-dire le résultat d'un processus de sédimentation historique, qu'il serait vain de vouloir nier. Mais, précisément, ce fait est tel qu'une conscience politique peine à s'enlever sur la réalité européenne. Nous ne nous faisons pas, suggère Aron, une certaine idée de l'Europe, comme nous entretenons une certaine idée de notre nation[12]. L'identité culturelle européenne est, pourrait-on dire, une donnée qui ne s'achève pas dans un sentiment politique[13]. Ainsi, tout en participant d'une même civilisation, les Européens peuvent-ils vivre dans une indifférence mutuelle grandissante. À cet égard, Aron est particulièrement sensible à l'affaiblissement réel des échanges culturels entre les peuples européens, par-delà l'accroissement apparent des interactions : nous connaissons bien moins la littérature anglaise, la philosophie allemande ou la politique italienne que les générations précédentes[14]. Par suite, l'unité culturelle européenne demeure sans rapport avec une quelconque action de l'Europe. Le fait pour les Européens d'être européens, dans la mesure où il n'est pas consciemment repris, ne les oblige, ni ne les incite à mener une action commune. C'est alors uniquement sous la pression de conditions extérieures (la Guerre froide, par exemple) que l'Europe semble s'éveiller, par instants, à la conscience d'elle-même, ou du moins de ses intérêts.

Deuxièmement, malgré l'intensité de l'activité communautaire (dans le domaine économique, en particulier), l'Europe ne conduit pas d'action susceptible d'introduire parmi les États-membres le sentiment politique qui manque à l'unité du continent. « L'Europe, demande Aron,

---

des “personnalités collectives”. » Et plus loin : « En revanche, l'idéologie qui nie la nation se perd en d'inextricables contradictions » (Aron, R., *Paix et guerre*, cit., p. 736 et 738).

12 Cf. la conférence de 1975, « Europe, l'avenir d'un mythe », publiée à la fin de ce volume.

13 Dans un texte de 1975, Aron se demande comment les Européens pourraient s'affirmer en tant qu'entité distincte. Serait-ce par « la recherche d'une *identité culturelle* » ? Cela se pourrait, répond Aron : « À supposer que celle-ci n'existe pas. Mais je pense qu'elle existe, et par conséquent, il n'est pas besoin de la chercher. » Réponse énigmatique, que nous interprétons de la manière suivante. Le problème de l'Europe politique n'est pas de savoir si une identité culturelle européenne peut voir le jour. Car celle-ci existe déjà du fait de l'histoire. Le problème est de savoir si cette identité préexistante peut se transformer en conscience politique commune, en sentiment d'appartenance. Cf. Aron, R., « L'Europe face à la crise des sociétés industrielles », conférences à l'Institut d'Études européennes de l'ULB, 28-29-30 avril 1975, patronage de la Fondation P.-H. Spaak, in *L'Europe des crises*, Bruxelles, Émile Bruylant, 1976, p. 122.

14 À ce sujet, cf. les remarques d'Aron dans « Old Nations, New Europe », cit., p. 46-47.

peut-elle projeter sa réalité et sa volonté sur le plan mondial ? [...] L'Europe peut-elle agir au-dehors comme une unité et non pas seulement maintenir à l'intérieur d'elle-même la cohérence économique à laquelle elle est parvenue[15] ? » Ce qui est clair aux yeux d'Aron, c'est que pour le moment (au moment où Aron parle, c'est-à-dire en 1975), l'Europe ne le fait pas. Au contraire, l'après-guerre semble le temps où les Européens ont choisi de ne plus agir dans le cours de l'histoire. Or, à défaut d'une grande politique – et, pour parler clairement, d'une politique extérieure suffisamment ambitieuse –, toute l'activité des Communautés ne saurait contribuer à former une conscience européenne.

Enfin, demeure l'aspect institutionnel de la construction européenne – la question du régime. En l'absence d'un sentiment patriotique européen, à défaut d'une véritable action commune, l'édification du système institutionnel européen pourrait-elle amorcer le fonctionnement de l'unité politique ? Deux remarques en réponse à cette question. De manière générale d'abord, Aron se montre très sceptique quant à la possibilité qu'un artifice institutionnel quel qu'il soit puisse, à lui seul, faire paraître un sentiment politique où il n'existe pas[16]. S'il est artificiel, un mécanisme de ce genre s'épuisera avant d'avoir produit l'effet escompté. En ce qui concerne spécifiquement les institutions européennes ensuite, Aron considère que le système communautaire rend plutôt plus opaque la conscience de soi des Européens, en brouillant l'attribution et l'exercice des responsabilités.

> Provisoirement, écrit-il, l'instance communautaire, au-dessus des gouvernements nationaux ou entre eux, affaiblit plutôt qu'elle ne renforce l'expérience vécue de la citoyenneté politique. Le citoyen sait de moins en moins qui prend les décisions, si elles sont prises à Bruxelles ou dans la capitale de la nation[17].

On voit que les conditions qui empêchent de considérer l'Europe comme un corps politique rendent aussi improbable la mutation politique du continent. Cette mutation, Aron ne la dit pas impossible. Mais il semble qu'il n'y croit guère, pour la raison suivante. La formation d'un corps politique européen relèverait d'une sorte de

---

15 Aron, R., « L'Europe face à la crise des sociétés industrielles », cit., p. 134.

16 « Ce que nous mettons en doute, c'est que la bonne méthode soit de rédiger une Constitution et que le transfert de souveraineté suffise à créer le consentement des Européens à obéir à un État commun. » (Aron, R., « Fédération européenne : objectif ou mirage ? », in *Le Figaro*, 24 septembre 1952, in Aron, R., *Les articles de politique internationale dans* Le Figaro *de 1947 à 1977*, t. 1, *La Guerre froide (Juin 1947 à mai 1955)*, Paris, Fallois, 1990, p. 901).

17 Aron, R., « Une citoyenneté multinationale est-elle possible ? » [1974], in Aron, R., *Les sociétés modernes*, Paris, PUF, « Quadrige », 2006, p. 791.

révolution – révolution non violente, révolution fondatrice, mais révolution. Et une révolution suppose, pour s'accomplir, un moment et un élan révolutionnaires. Tout d'abord, « une entreprise aussi révolutionnaire que la création d'un lien fédéral entre des États, depuis des siècles souverains et souvent ennemis, exige une situation exceptionnelle, une disponibilité des peuples, une élasticité des structures[18] ». Or, la fin de la guerre et la reconstruction constituaient sans doute des conditions exceptionnelles, favorables aux grandes transformations. Mais ce temps est dès longtemps passé. La création d'une unité politique européenne exigerait aussi un esprit fondateur. « Il faut du romantisme pour lancer de grandes idées[19] », disait Aron en 1948. Cependant, quelles que soient leurs vertus ou leurs qualités, le romantisme est certainement ce qui caractérise le moins aux yeux d'Aron les agents de la construction européenne[20]. Pour l'Europe donc, le moment favorable a été manqué ; l'élan révolutionnaire a manqué. Reste qu'Aron n'écarte pas définitivement la possibilité qu'un jour, l'histoire redevenant exceptionnelle ou terrible, un nouvel instant critique survienne. L'Europe politique serait alors de nouveau affaire de volonté.

Faut-il vouloir l'Europe politique ?

Il est temps à présent d'aborder la question délicate du désirable et de l'indésirable. Or, sur le sujet européen, autant les jugements de fait d'Aron sont tranchés, autant ses jugements de valeur sont prudents, voire hésitants. C'est pourquoi il est particulièrement difficile de restituer la façon dont Aron évalue – espère ou redoute – l'émergence improbable mais possible d'une unité politique européenne. Question délicate aussi, parce qu'elle se situe à cheval entre la science politique et le parti pris raisonnable qui, déjà, excède le discours scientifique. Pourtant, l'évaluation normative n'échappe pas totalement à la réflexion qui la précède. C'est pourquoi nous pensons que le jugement d'Aron peut encore être traité relativement au contenu de sa science politique.

---

18 Aron, R., « Esquisse historique d'une grande querelle idéologique », in Aron, R., et Lerner, D. (dir.), *La querelle de la CED : essais d'analyse sociologique*, Paris, Armand Colin, 1956, p. 212.

19 « Il faut du romantisme pour lancer de grandes idées, il faut des efforts patients pour les réaliser. » (Aron, R., « La Grande-Bretagne et l'Europe », in *Le Figaro*, 1er avril 1948, in Aron, R., *Les articles du Figaro*, cit., t. 1, p. 100).

20 Ce qui frappe Aron, c'est que le recours incessant des partisans de l'Europe intégrée à l'argument de la nécessité. Au lieu de présenter l'Europe politique comme un projet audacieux fondé sur un idéal, ils feraient chaque fois du progrès de l'intégration une conséquence nécessaire de la situation présente. Or, pour Aron, une telle attitude est à la fois mensongère et vouée à l'échec politique.

Tout d'abord, Aron semble considérer que la construction européenne n'a d'intérêt que dans la mesure où elle revêt ou prend un aspect politique. Si la création de la Communauté n'est qu'un arrangement économique supplémentaire, elle ne modifie pas réellement le fonctionnement de la société et ne mérite qu'une attention mesurée. (À moins de succomber à l'illusion – constamment dénoncée par Aron – selon laquelle une modification du système économique entraînerait par elle-même un changement politique[21].) Pour l'analyste politique, seule une entreprise de portée politique serait donc significative[22]. Par ailleurs, depuis 1945 au moins et sans retour, Aron s'est montré particulièrement sensible à l'épuisement politique des nations européennes, toutes sorties vaincues de la Guerre mondiale, la Grande-Bretagne y compris[23]. Désormais, les nations d'Europe ne sont plus en mesure, ni matérielle, ni psychologique, d'orienter l'histoire. Dans ces conditions, sans doute plairait-il à Aron que l'Europe redevienne collectivement le sujet historique qu'elle était en sa division nationale, avant que la guerre totale ne la ruine. Enfin, face à l'Union Soviétique, on sait combien Aron souhaitait que l'Europe prît conscience (et défense) de son originalité en tant qu'aire de civilisation. C'est-à-dire qu'il espérait que le nom « Europe », d'un fait de civilisation, devienne celui d'une vocation, donc d'une politique.

Pourtant – en ceci réside la complication – toutes ces raisons ne conduisirent pas Aron à soutenir clairement le projet de l'unité politique européenne. Au contraire, il exprimait une réticence marquée à l'égard d'un tel projet. Peut-on trouver dans la science politique aronienne des éléments d'explication de cette réticence ? Premièrement, il faut rappeler que son enquête scientifique conduit Aron à considérer l'avènement de l'Europe politique comme très peu probable. Or, il est certainement déraisonnable, pour un homme de science ou de réflexion, de s'attacher à un projet qu'il considère irréalisable. Mais là n'est pas

---

21 « Poser que le Marché commun aboutit *nécessairement* à une fédération européenne (ou à un État fédéral européen), c'est supposer soit que l'économique, à notre époque, commande et, pour ainsi dire, englobe le politique, soit que la chute des barrières douanières fera tomber d'elle-même les barrières politiques et militaires. Ces deux suppositions sont fausses. » (Aron, R., *Paix et guerre*, cit., p. 732, et s.).

22 Ceci nous renvoie à l'affirmation de la primauté du politique, telle qu'on la rencontre par exemple au début de *Démocratie et totalitarisme* : « Toute coopération entre les hommes implique une autorité, or le mode d'exercice de l'autorité et le choix des gouvernants sont l'essence de la politique. La politique est la caractéristique majeure de la collectivité tout entière, puisqu'elle est la condition de toute coopération entre les hommes. » (Aron, R., *Démocratie et totalitarisme*, cit., p. 27).

23 Les vrais vainqueurs sont les États-Unis. Tous les États du continent sont sortis ruinés de la guerre. Quant à l'Angleterre, étrangement, sa victoire militaire a marqué le début de son déclin politique.

l'essentiel. Nous interpréterions plutôt la méfiance aronienne de la manière suivante. Si Aron se méfie du projet de formation d'un corps politique européen, c'est qu'il l'associe à la constitution d'une grande nation européenne. Or c'est cela qui, pour Aron, est à redouter.

Il est d'abord clair que, explicitement ou implicitement, Aron mesure le progrès, ou la stagnation, de l'unité politique de l'Europe aux variations du sentiment national européen. Cela nous paraît indiquer que l'avènement de l'Europe politique se confondrait, pour Aron, avec l'émergence d'une sorte de nation européenne. Ainsi, pourquoi le projet politique européen semble-t-il irréaliste aux yeux d'Aron ? Parce que « les Six ne sont pas – et ils ne sont pas même en train de devenir – une communauté nationale[24]. » Ou encore : « Les vieilles nations vivent encore dans le cœur des hommes, et l'amour de la nation européenne n'est pas encore né – en supposant qu'il paraisse jamais[25]. » Parce que la nation est au fond la seule forme de corps politique libre, nous sommes apparemment contraints d'imaginer l'Europe politique libre sous les espèces d'une nation européenne. Or, cette perspective paraît doublement redoutable. D'une part, en effet, elle impliquerait l'effacement de la pluralité des nations qui, pour Aron, constitue le facteur essentiel de la grandeur politique de l'Europe, et une source de richesse pour l'humanité elle-même[26]. Et, d'autre part, si l'on suit la théorie aronienne des systèmes internationaux, on est conduit à penser que le remplacement du concert des nationalités par la nation Europe provoquerait un durcissement des rapports interétatiques. Au lieu que le monde soit entraîné par un ensemble de nations démocratiques se reconnaissant entre elles, une confrontation directe risquerait de s'installer entre des unités politiques hétérogènes[27]. Ce double risque paraît suffisamment

[24] Aron, R., « Old Nations, New Europe », cit., p. 46.

[25] *Ibid.*, p. 61.

[26] « Participant à la fois de la nature et de la raison, ces personnalités nationales expriment la richesse des virtualités humaines. La diversité des cultures n'est pas une malédiction à exorciser, mais un héritage à sauvegarder.» Et : « Effacer les distinctions entre ces communautés serait appauvrir l'humanité, consciente de sa solidarité, que ne contredit pas le fait d'une humanité divisée en nations conscientes de leurs particularités et de la valeur de ces particularités. » (Aron, R., *Paix et guerre*, cit., p. 735-736).

[27] Autrement dit, l'illusion serait de croire qu'une Europe unie pourrait par là même échapper à la violence interétatique. En effet, dans le cas d'une fédération continentale, la violence serait plus probablement reportée à un autre niveau, celui des relations entre la fédération et le reste du monde. Or, conformément à la théorie exposée dans *Guerre et paix entre les nations*, cette violence risque d'être d'autant plus aiguë que les unités politiques en jeu seront plus hétérogènes, c'est-à-dire organisées de manière différente et ne partageant pas la même conception de la politique. Car « l'homogénéité du système favorise la limitation de la violence » (Aron, R., *Paix et guerre*, cit., p. 109).

conséquent pour que l'on renonce à une unité politique par ailleurs improbable. C'est pourquoi, finalement, Aron adopte une perspective plus modeste et contrôlée, invitant l'Europe à se ressaisir et à agir, mais sans prétendre être une nation, sans même peut-être chercher à retrouver toute sa puissance[28].

À ce point de notre réflexion, on pourrait se demander ce qui porte Aron à identifier l'émergence de l'Europe politique avec la formation d'une seule nation européenne. Il nous paraît que la réponse à cette interrogation serait à chercher du côté de la conception aronienne de l'idée fédérale. En effet, le fédéralisme est, en théorie du moins, l'option permettant à une pluralité de nations de s'unir sans se fondre dans une nation de rang supérieur. Or Aron ne semble pas accorder une grande considération à cette option. C'est, nous semble-t-il, que le fédéralisme constitue pour Aron une notion relativement inconsistante. Soit, en effet, un État est réellement fédéral, c'est-à-dire intégré, à la manière par exemple des États-Unis, et il ressemble alors de très près aux autres nations. (Les États-Unis d'Amérique sont un peuple et une nation.) Soit, au contraire, le système tend vers le confédéralisme, et ce n'est plus un État à proprement parler. Ainsi Aron écrit-il que l'on n'a jamais vu de nations réellement autonomes se constituer volontairement en fédération : « Il n'existe pour lors aucun exemple de fédération politique, au sens propre du terme, née de la conviction rationnelle que le progrès de l'histoire nécessite une unité plus large que celle de l'État-nation[29]. » Dans ces conditions, l'on comprend que l'intégration des États européens en une formation politique unifiée ne soit pensable qu'à travers l'apparition d'une nouvelle nation européenne.

Dans l'ensemble, il nous semble que les réflexions d'Aron concernant le bien-fondé du projet européen prennent ainsi la forme d'un raisonnement aporétique. La construction européenne n'a d'intérêt que si elle constitue une entreprise politique, et la situation historique appellerait un relèvement politique de l'Europe. Or l'Europe se constituant en unité politique deviendrait comme une seule nation. La formation de la nation européenne emporte plus de risques politiques que le maintien de l'actuelle situation. Conclusion : mieux vaut ne pas courir l'aventure politique européenne.

---

[28] « La vocation de l'Europe, dans le monde d'aujourd'hui et de demain, implique une conscience historique, mais non plus peut-être les obligations de la politique de puissance. L'Europe a transmis ses idées, les secrets de la puissance au monde entier. Pourquoi éprouverait-elle un sentiment de défaite ? », cf. « Europe avenir d'un mythe », à la fin de ce volume.

[29] Aron, R., "A Suggested scheme for a study of federalism", in *International Social Science Bulletin*, 1952, p. 54. Pour une analyse éclairante du fédéralisme, cf. Chopin, T., « L'avenir du fédéralisme », in *Commentaire*, hiver 2000, n° 92.

Nous voudrions terminer cette réflexion comme nous l'avons commencée, en reprenant une longue citation, dans laquelle transparaît l'ambiguïté des sentiments d'Aron à l'égard du projet européen.

> Je crois, écrivait Aron en 1964, que la conscience nationale demeure infiniment plus forte qu'aucun sens de l'Europe. Je ne perçois aucun sentiment national européen au-delà d'une aspiration à un certain degré d'autonomie dans la relation aux États-Unis et, particulièrement, au rejet des sanglantes querelles du passé. Ce désir raisonnable sera-t-il suffisant pour donner naissance à une fédération européenne ? Si je considère les vingt prochaines années, je ne le crois pas, et je ne suis même pas sûr que cela serait souhaitable.

Et Aron d'ajouter : « *Je le désire sincèrement, mais je ne suis pas sûr que j'aie raison*[30]. »

L'Europe et ses partisans

En conclusion, il serait intéressant de se demander ce que les partisans de l'intégration européenne peuvent ou devraient tirer de la réflexion aronienne sur l'Europe. Il nous semble que cette réflexion impose aux défenseurs de l'Europe politique deux exigences relativement difficiles (mais pas impossibles) à tenir ensemble. D'une part, le raisonnement d'Aron invite les défenseurs de l'Europe politique à considérer avec une grande prudence la perspective d'une nation européenne. La création d'une Europe nationale, d'une nation Europe n'est probablement pas ce qu'il faut vouloir. Mais, d'autre part, toute l'œuvre d'Aron repose sur une conception exigeante de la politique, telle que l'Europe ne pourrait se dire politique sans prendre conscience de son originalité et sans accepter les conditions qui rendent l'action possible. En l'état actuel du débat, ces deux exigences paraissent relativement difficiles à concilier. D'un côté, en effet, beaucoup admettent que l'Union européenne n'est pas destinée à former une nouvelle grande nation conforme au modèle des nations anciennes. Mais le plus souvent, l'Europe d'après les nations est imaginée sous l'aspect d'un ensemble pacifié et délivré des contraintes de l'agir politique[31].

---

30 Aron, R., « Old Nations, New Europe », cit., p. 60. Le dernier segment correspond à une note en bas de page. Il est souligné par nous.

31 Ici, nous avons bien conscience de ne pas rendre justice à la complexité des travaux conduits sur l'Europe post-nationale. Une confrontation entre l'analyse aronienne et les travaux de Jean-Marc Ferry, par exemple, serait sans doute éclairante. Nous nous contenterons ici d'esquisser la direction que pourrait prendre une telle confrontation. Selon J.-M. Ferry, la destinée de l'Union européenne est effectivement post-nationale. Dans le cadre d'une Europe conforme à l'idée post-nationale, la politique serait ainsi détachée des communautés d'affiliation et d'identification qui subsisteraient par ailleurs. En revanche, il ne s'agirait pas, pour Ferry, d'une politique

D'un autre côté, ceux qui travaillent à faire de l'Europe une entité politiquement intégrée ne s'attardent pas à préciser en quoi celle-ci se distinguerait d'un grand État-nation. Est-il possible de doter l'Union européenne d'une véritable capacité d'action sans enclencher en son sein une dynamique nationale ? Telle est, selon nous, la question léguée par Raymond Aron aux partisans contemporains de l'Europe politique.

---

abstraite, dans la mesure où elle répondrait aux exigences de la moralité critique, s'inscrivant ainsi dans la sphère pratique de l'éthique. La politique nationale serait donc dépassée sans que l'on tombe dans un universalisme vide. Il nous semble que nous touchons ici au point de confrontation principal avec la conception aronienne. En effet, toute la réflexion politique d'Aron contredit la possibilité d'une action politique qui ne s'inscrirait pas dans une communauté historique d'affiliation. Pour les travaux de J.-M. Ferry, cf. notamment Ferry, J.-M., et Thibaud, P., *Discussion sur l'Europe*, Paris, Calmann-Lévy, 1992, et Ferry, J.-M., *Europe, la voie kantienne. Essai sur l'identité postnationale*, Paris, Éditions du Cerf, 2005.

Raymond Aron, citoyen français et intellectuel européen

Joël MOURIC

Du début à la fin, de 1926 à 1983, la question européenne, celle de l'unité politique de l'Europe, parcourt l'œuvre de Raymond Aron. Celui-ci fut un intellectuel européen, non seulement par la diffusion de ses œuvres, mais aussi par son engagement : pour la liberté politique en Europe, et pour la réconciliation des Européens après ce qui fut, de 1914 à 1945, la guerre de Trente Ans du XXe siècle. Pourtant, une équivoque a subsisté jusqu'au soir de sa vie. Ainsi confiait-il en 1981, dans les entretiens du *Spectateur engagé* :

> J'aurais souhaité que l'Europe unie de Monnet, telle qu'il la concevait, fût possible. Je n'y croyais pas fortement. J'ai toujours gardé un fond de patriotisme lorrain. Aussi, selon les circonstances, je penchais d'un côté ou de l'autre, toujours favorable à une sorte d'unification de l'Europe pour laquelle j'ai beaucoup milité, avant et après le RPF, et d'autre part j'étais sceptique sur la possibilité d'effacer mille années d'histoire nationale[1].

Cette confidence exprime la tension entre la conviction de l'intellectuel, pour qui l'unification de l'Europe était une idée raisonnable, et l'attachement du citoyen à sa patrie, souligné ici par l'évocation du seul parti dans lequel Aron ait durablement milité, le Rassemblement du Peuple français du général de Gaulle.

Dans la philosophie politique de Raymond Aron, la qualité de citoyen est essentielle, parce qu'elle exprime la condition politique de l'homme, solidaire d'une communauté qui est elle-même inscrite dans l'histoire.

Le lien entre le citoyen et la nation n'est pas simplement d'ordre affectif, il est fondé en raison.

Nous nous proposons ici de retracer le parcours européen de Raymond Aron dans la perspective de cette dialectique entre le devoir du citoyen envers sa patrie et la responsabilité de l'intellectuel pour

---

1 Aron, R., *Le spectateur engagé. Entretiens avec Jean-Louis Missika et Dominique Wolton*, Paris, Julliard, 1981, p. 168.

l'Europe : son éducation européenne, ou les conditions de la formation de sa pensée sur l'Europe de 1926 à 1943, puis son attitude lors du *moment européen,* autrement dit les années cruciales 1943-1955, de la fin de la guerre à l'échec de la CED, enfin la période postérieure à 1955 où, malgré un ralliement pragmatique à l'Europe communautaire, Aron maintient des objections de fond à l'égard de celle-ci, *via* l'exigence d'une conscience historique et civique.

*

Lorsque le jeune normalien publie ses premiers textes, il se situe d'emblée dans une perspective européenne : Aron est alors passionnément pacifiste. L'Europe est la solution, parce que l'Europe, c'est la paix. Raymond Aron a participé en 1925 à une session de la SDN à Genève. Il publie en 1926 son premier article[2], « Ce que pense la jeunesse universitaire d'Europe », texte qui reflète ses inclinations socialistes, un vague intérêt pour le projet paneuropéen de Coudenhove-Kalergi[3], mais surtout la conviction que l'Europe relève de la responsabilité des intellectuels, dont la vocation spirituelle est d'éduquer les nations européennes, afin de préserver la paix.

Malgré l'idéalisme de ce texte, deux dimensions de l'œuvre ultérieure y sont esquissées. La première consiste à présenter l'engagement européen comme éminemment raisonnable, comme une mission des intellectuels :

> Je crois à la nécessité de créer une conscience internationale qui serait à la réalité européenne ce que la conscience morale est à la réalité sociale : prendre conscience de l'interdépendance des nations, de la vie commune, économique et intellectuelle, qui unit les pays d'Europe, ce n'est pas poursuivre une utopie, c'est rapprocher la pensée de la réalité[4].

La seconde dimension porte sur « l'activité concrète de la pensée » : « par l'étude du passé et la réflexion sur le présent s'ébauche une philosophie de l'esprit[5] ». On peut y voir la préfiguration de sa double activité ultérieure, partagée entre la philosophie historique et les commentaires sur l'actualité politique.

En fait, le jeune intellectuel fait alors fond sur l'esprit de Genève, celui du briandisme, de la sécurité collective et des accords de Locarno. Il veut croire en une possible réconciliation franco-allemande à la suite des entretiens entre Briand et Stresemann : « En 25, confiait-il en 1981

---

2 Aron, R., « Ce que pense la jeunesse universitaire d'Europe », in *Bibliothèque universelle et Revue de Genève*, décembre 1926, p. 789-794.

3 Coudenhove-Kalergi, R. N., *Pan-Europa*, Vienne, Pan-Europa Verlag, 1923.

4 Aron, R., « Ce que pense la jeunesse universitaire d'Europe », cit.

5 *Ibid.*

devant Anne Sinclair, il y a eu la seule grande tentative de réconciliation entre la France et l'Allemagne, c'est Locarno[6]. » Cet esprit européiste était aussi celui des décades de Pontigny, où Paul Desjardins[7] s'efforçait, après l'interruption de la Grande Guerre, de rassembler au service de la sécurité collective la République européenne des Lettres. Tandis qu'une décade de 1925 était intitulée « Nous, les Européens », une autre, en 1932, traitait de « Gœthe, le réconciliateur ». Aron, jeune intellectuel prometteur, fut invité pour la première fois en 1928 et prit ensuite une part active à l'organisation des décades. Pontigny et l'Union pour la Vérité illustraient une dimension du « devoir présent » : la responsabilité des hommes de Lettres pour la République européenne.

Quand Aron arriva comme lecteur à l'université de Cologne en mars 1930, il n'avait pas encore changé d'avis. Mais il fut ébranlé par la montée du nationalisme allemand lors des élections législatives de septembre, qui portèrent 107 députés nazis au Reichstag.

Et c'est en mai 1931 qu'apparaît sous sa plume, dans la revue d'Alain, *Libres Propos*, un changement radical quant à sa représentation de l'idée européenne :

> L'idée européenne n'est qu'une idée d'économistes ou de quelques littérateurs. Elle ne vit pas dans l'âme des foules. Elle ne représente qu'un mot, à peine un concept, à aucun degré un mythe. Même l'idée de l'alliance franco-allemande, au fond, vivrait davantage. On rêverait alors d'empire partagé, d'hégémonie à deux, ou, espérons-le, de pouvoir souverain et bienfaisant, qui répandrait justice et protection. Mais combien cette idée d'alliance reste plus faible encore que l'idée nationale[8].

L'idée européenne, qui était jusque-là un recours possible contre les abus des nationalismes, lui semble désormais vaine. Partant de la définition du mythe politique de Georges Sorel[9], il constate que l'idée européenne n'entraîne pas les peuples, qu'elle n'est qu'une « idée d'intellectuels ». Ce jugement est d'autant plus important que tout indique qu'il fut définitif. L'idée européenne semble bien avoir été la première victime de sa conversion au réalisme politique.

L'avènement du régime nazi fut à ses yeux « une catastrophe pour l'Europe ». De 1931 à 1940, l'activité intellectuelle d'Aron consiste à défendre la liberté politique contre la menace totalitaire. Dans cette

---

6 Archives INA, émission télévisée « Les vingt ans de Raymond Aron », 7 mai 1981.

7 Desjardins, P., *Le Devoir présent*, Paris, Armand Colin, 1932. Cf. aussi Chaubet, F., *Paul Desjardins et les décades de Pontigny*, Lille, Presses universitaires du Septentrion, 2009.

8 Aron, R., « Révision des traités. Lettre d'Allemagne », in *Libres Propos*, mai 1931, p. 222-223.

9 Sorel, G., *Réflexions sur la violence*, Paris, Rivière, 1908.

perspective, l'*Introduction à la philosophie de l'histoire* représente une tentative quasi désespérée pour sauver ce qui pouvait l'être : Aron y exalte « l'absolu de la décision[10] ». En substituant ainsi, au cœur de sa thèse, un vitalisme au rationalisme comme moteur de l'épistémologie de l'histoire, Aron empruntait à la pensée fasciste l'un de ses éléments pour la combattre. Pour lui, la date décisive du déclin de la position française en Europe n'a pas été Munich en 1938, mais l'absence de réaction après la remilitarisation de la Rhénanie le 7 mars 1936. C'est alors, dit-il, que l'on a perdu les garanties pour lesquelles plus d'un million de citoyens français avaient été sacrifiés en 14-18.

Simultanément, l'*Introduction à la philosophie de l'histoire* témoigne d'une conscience engagée, solidaire d'une cité et de son histoire. L'auteur est un citoyen, mais qui se présente comme l'héritier d'une tradition : « L'homme vit entouré des restes du passé[11]. »

La thèse d'Aron fait donc droit à certaines des positions fondamentales de Burke. L'hypothèse d'un sens de l'histoire conduisant à l'unification de l'Europe n'y apparaît qu'à travers un raisonnement par l'absurde : « Supposons, par exemple, que l'histoire mène nécessairement à une Europe unie : fort de ce savoir, l'historien contemplerait sans effroi les dernières guerres européennes, restes d'une époque qui s'achève[12]. »

Quelques mois après la soutenance, et quelques semaines après Munich, Aron a confié son désespoir de citoyen au Père Fessard : « Il est clair aujourd'hui que si la France n'arrive pas à triompher de sa désunion et à se redresser, dans dix ans elle n'existera plus, avec ou sans guerre, par hitlérisation venue de l'intérieur ou de l'extérieur[13]. »

Aron avait donc vu venir la défaite de mai-juin 1940. Dès 1931, l'évolution de la situation politique sur le Vieux Continent l'a convaincu que l'Europe ne pouvait pas être la solution pour préserver la paix.

La réponse ne pouvait être que dans l'acceptation sans réserve du devoir civique, ainsi qu'il l'écrivit en octobre 1933 : « On n'a pas le droit d'être citoyen jusqu'à la guerre exclusivement[14]. »

---

10 Aron, R., *Introduction à la philosophie de l'histoire*, Paris, Gallimard, 1938, p. 336-337.

11 *Ibid.*, p. 76.

12 *Ibid.*, p. 179.

13 BNF, Fonds Raymond Aron, NAF 28060, boîte 206, lettre de Raymond Aron à Gaston Fessard du 28 octobre 1938.

14 Aron, R., « De l'objection de conscience », in *Revue de métaphysique et de morale*, XLI, octobre 1933, p. 133-145, rééd. in Aron, R., *Études politiques*, Paris, Gallimard, 1972, rééd. in *Commentaire*, n° 28, hiver 1984, p. 291-297.

La période de la guerre achève l'éducation européenne de Raymond Aron commencée à Genève en 1925. Citoyen français, juif, Aron fait l'expérience, dans la patrie de Burke, de ce que valent les droits de l'homme, dès lors qu'ils ont cessé d'être des droits civiques. L'expérience de l'exil renforce le citoyen Aron dans son patriotisme : contrairement à Golo Mann, il ne renie pas sa patrie[15]. Aron a ainsi décliné l'offre qui lui était faite d'obtenir la nationalité britannique.

Mais c'est aussi, le moment où Hitler, par la guerre, fonde l'Europe nouvelle. En 1957, dans *Espoir et peur du siècle*, Aron ironisait rétrospectivement sur le rôle historique du dictateur :

> La conquête de l'Europe par le IIIe Reich était-elle aussi justifiée ou aussi peu justifiée que celle du monde antique par Rome ? Rien n'interdit d'imaginer que nos arrière-neveux, vivant dans une Europe unifiée par le génie pervers d'Hitler, auraient béni, d'ici quelques siècles, celui qui, au prix de dizaines de millions de cadavres, aurait permis à l'Europe, libérée de guerres fratricides, de garder son rang[16].

Entre 1940 et 1943, le rédacteur de *La France libre* combat l'usurpation du nom d'Europe par la propagande de Goebbels et par les écrivains de la collaboration : ainsi attaque-t-il Fabre-Luce dans des articles au titre barrésien, « Au service de l'ennemi[17] ». Il participe avec d'autres auteurs de l'Europe occupée au recueil *Daylight, European Letters yesterday, today, tomorrow*[18], sous la direction de Stephen Spender, le futur directeur d'*Encounter*. La guerre est une guerre juste[19], celle des nations libres contre l'Europe hitlérienne. C'est pourquoi Aron conteste les thèses de James Burnham dans *The Managerial Revolution*[20], pour qui l'histoire conduirait nécessairement au triomphe des grands espaces. De même, Aron réfute les arguments de Carl Schmitt en

---

15 Mann, G., *Briefe 1932-1992*, Wallstein, 2006, cf. lettres 16 et 27.

16 Aron, R., *Espoir et peur du siècle. Essai non partisans*, Paris, Calmann-Lévy, « Liberté de l'esprit », 1957, p. 209.

17 Aron, R., « Au service de l'ennemi » I, II et III, in *La France libre*, respectivement V, n° 25, p. 70-78 (décembre 1942), V, n° 26 (janvier 1943), p. 138-145, V, n° 28 (mars 1943), p. 268-274. Cf. Aron, R., *Chroniques de guerre*, Paris, Gallimard, 1990, p. 521-555.

18 Aron, R., « Chronique de France : Culture et société », in *La France libre*, II, n° 9, p. 155-166 (juin 1941), traduit sous le titre "The Writers of France to-day", in *Daylight*, vol. 1, *European arts and letters yesterday, today, tomorrow*, Londres, The Hogarth Press, 1941, p. 43-52.

19 Cf. Oppermann, M., *Raymond Aron und Deutschland. Das Problem des Totalitarismus und die Verteidigung der Freiheit*, Ostfildern, Thorbecke, p. 252.

20 Burnham, J., *The Managerial Revolution: What is happening in the World*, New York, John Day, 1941.

faveur d'un *Großraum* européen centré sur le Reich et doté d'une doctrine Monroe *sui generis*[21].

Dans « Bataille des propagandes », il emprunte à Delbrück une phrase que celui-ci appliquait aux guerres de libération contre Napoléon : « Les peuples, les nationalités autonomes, ont à l'heure présente une force vitale qu'il n'est au pouvoir d'aucune violence d'étouffer[22] ». Dans l'article « Destin des nationalités », écrit dans les semaines qui suivent Stalingrad, Aron insiste sur la légitimité de la guerre menée par les Nations unies. Il rappelle que la Seconde Guerre mondiale n'a pas été provoquée par les nations et que « l'Europe restera composée de nationalités ». Aron aboutissait ainsi à un compromis entre le réalisme – la vitalité des nations comme communautés politiques était confirmée par la guerre – et la raison : « l'Europe n'a de chance d'accéder progressivement à une unité authentique que par l'expérience, dans la liberté de chacun, d'une vie commune à tous[23]. »

Dès lors, la défaite du Reich étant certaine, commençait le moment européen : comment relever l'Europe ? Comment la défendre ? L'unification politique était-elle nécessaire ? Toutes questions qui allaient dominer le débat jusqu'en 1955.

*

Raymond Aron ne pouvait pas critiquer ouvertement les Alliés tant que durait la guerre. L'article « Pour l'alliance de l'Occident », de janvier 1944, appelle à une alliance franco-britannique et renvoie implicitement à la menace soviétique[24]. Mais les critiques d'Aron visaient aussi la stratégie américaine, qui, par l'exigence d'une capitulation sans conditions, formulée à Casablanca, donnait du crédit à la propagande de Goebbels sur la guerre totale. Au mépris de l'intérêt des Européens, les bombardements de zone réduisaient en cendres les villes de l'Ancien Continent, faisant table rase de plusieurs siècles d'histoire européenne. La situation de 1945 semblait ainsi réaliser les prophéties de Spengler, et il n'était pas difficile d'imaginer le profit que l'URSS pourrait en

---

21 Schmitt, C., « Völkerrechtliche Großraumordnung, mit Interventionsverbot für raumfremde Mächte », conférence prononcée en avril 1939, publiée sous le titre *Völkerrechtliche Großraumordnung. Mit Interventionsverbot für raumfremde Mächte. Ein Beitrag zum Reichsbegriff im Völkerrecht*, Leipzig, Deutscher Rechtsverlag, 1941, rééd. in Schmitt, C., *Staat, Großraum, Nomos*, Maschke, G. (hrsg), Berlin, Duncker & Humblot, 1995, p. 269-320.

22 Aron, R., « Bataille des propagandes », in *La France Libre*, IV, n° 23, septembre 1942, p. 372-379, rééd. in Aron, R., *Chroniques de guerre*, cit., p. 579.

23 Aron, R., « Destin des nationalités », in *La France Libre*, V, n° 29, mars 1943, p. 339-347, rééd. in Aron, R., *Chroniques de guerre*, cit., p. 620.

24 Aron, R., « Pour l'alliance de l'Occident », in *La France libre*, VII, n° 39, janvier 1944, p. 178-186, rééd. in Aron, R., *Chroniques de guerre*, cit., p. 949-961.

tirer. La stratégie américaine commençait par offrir à Staline la moitié de l'Europe.

Mais la défaite du Reich offrait une deuxième occasion de réconcilier la France et l'Allemagne, qu'il ne fallait pas manquer, d'autant plus qu'en dépendait désormais la liberté de l'Europe occidentale : « 1945, écrit-il, est le 1815 de l'Allemagne[25]. » Pour la même raison, Aron a été dès cette date ouvertement favorable à l'unité allemande : « S'il existe une Allemagne, il y a une chance que l'Europe renaisse[26]. » Il redoute en effet la balkanisation du Vieux Continent, le risque de division entre deux blocs, et à l'intérieur de chaque État entre deux partis hostiles l'un à l'autre.

Aussi s'engage-t-il résolument pour faire aboutir cette réconciliation. Mais il s'agit désormais d'un homme aguerri, prêt à tirer parti de son expérience du combat contre le nazisme pour résister au communisme.

Dans le cours qu'il dispense à l'ENA en novembre 1946, *Perspectives sur l'avenir de l'Europe*, il explique que l'Europe est une notion abstraite :

> L'Europe est peut-être un rêve – ou un avenir – elle n'est pas une réalité politique immédiate. Il est vrai qu'à travers les siècles les Nations européennes ont toujours conservé une sorte de désir de quelque chose de supérieur à elles, mais ce quelque chose de supérieur ne s'est jamais réalisé et en tout cas n'a jamais été l'Europe[27].

À cet avertissement, il en ajoute un autre : « Si l'on veut qu'il existe une Europe de nations, il est inévitable qu'il existe une Allemagne. » Ainsi éduquait-il les futures élites dirigeantes de la France à la tâche essentielle de la réconciliation.

De même, s'adressant quelques mois plus tard à Munich à des étudiants allemands, il enseigne qu'« il y a peut-être une Europe *en soi*, il n'y a certainement pas d'Europe *pour soi*[28] ». Il exhorte surtout ses auditeurs à cultiver les valeurs libérales de la tradition européenne, en renonçant aux excès du nationalisme. Un totalitarisme ne devait pas en remplacer un autre à la faveur du désespoir.

Le discours d'Aron avait des accents burkiens :

---

25 Aron, R., « Nouvelle carte du monde », in *Point de vue*, 4 mai 1945.

26 Aron, R., « Pour l'unité de l'Europe », in *Point de vue*, 20 septembre 1945.

27 BNF, Fonds Raymond Aron, NAF 28060, boîte 1, *Perspectives sur l'avenir de l'Europe*, cours du 26 novembre 1946, folios 2-3.

28 Aron, R., « Discours à des étudiants allemands sur l'avenir de l'Europe », in *La Table ronde*, n°1, janvier 1948, p. 65-66 (la même réflexion est reprise dans *Le Grand Schisme*, Paris, Gallimard, 1948, p. 59).

> Le relèvement de l'Europe, dont il sera question, n'est donc ni uniquement matériel, ni uniquement moral. Il serait absurde de calculer le nombre d'heures de travail indispensable pour reconstruire tel quartier de Berlin ou de Francfort, en oubliant que le passé, vivant dans ces vieilles pierres, est parti à jamais et que dans les édifices neufs risque d'apparaître une société neuve, sans lien organique avec sa tradition[29].

Aron a en effet compris, dès 1946, combien Staline pourrait utiliser le nationalisme allemand pour empêcher l'intégration de l'Allemagne à l'alliance de l'Occident. Faute de mieux, le mythe européen trouvait ainsi une pertinence nouvelle. Mais l'engagement d'Aron le porte alors du côté du mouvement gaulliste : il adhère au RPF et souhaite, dans l'esprit de Renan, contribuer à la réforme intellectuelle et morale de la France, toutes choses qu'il explique dans *Le Grand Schisme*[30].

Lors du Congrès européen de La Haye de 1948, Aron n'a pas été convaincu. Bertrand de Jouvenel estimait en l'occurrence qu'« il en est des idées un peu comme des maîtresses de maison : on y court, si elles ont "du beau monde". C'était le cas de l'idée européenne. Ce Congrès, concluait Jouvenel, a été un véritable plébiscite des "gens de qualité"[31]. »

Pour Aron, là était justement le problème. Dans *Les guerres en chaîne*, publié en 1951, il en tira une conclusion implacable :

> On ne crée pas les patries sur commande... L'idée européenne est vide, elle n'a ni la transcendance des idéologies messianiques, ni l'immanence des patries charnelles. Elle est une création d'intellectuels, ce qui en révèle à la fois l'opportunité au regard de la raison et la faible résonance dans les cœurs[32].

Ce jugement, qui reprenait, vingt ans après, celui de 1931, résume l'originalité de sa position : parce qu'intellectuel, il adhère à l'idée européenne, mais en aperçoit aussitôt les limites, dès lors qu'il rapporte cette idée à la situation historique.

Si 1950 a été une année importante dans son itinéraire européen, c'est davantage à travers son adhésion comme membre fondateur au Congrès pour la liberté de la culture qu'en relation avec le plan Schuman. Il approuvait celui-ci dans la mesure où il servait la réconciliation franco-allemande, mais il en redoutait les présupposés politiques : au fond, le gradualisme de Jean Monnet n'était pas compa-

---

29 *Ibid.*, p. 64-65.

30 Aron, R., *Le Grand Schisme*, cit.

31 Jouvenel, B. de, « Au premier Congrès de l'Europe. 7 au 10 mai 1948 », in *La Revue de Paris*, juin 1948, rééd. in *Commentaire*, n° 133, printemps 2011, p. 199-202.

32 Aron, R., *Les guerres en chaîne*, Paris, Gallimard, 1951, p. 414-415.

tible avec la philosophie d'Aron, fondée sur le primat et sur l'autonomie du politique.

La critique aronienne du plan Schuman fut exacerbée lors du débat sur la CED :

> Curieusement, en fait d'unité européenne, on ne cesse de réclamer le plus alors qu'on n'arrive pas à atteindre le moins. On rêve d'union douanière ou d'unités économiques alors qu'on ne parvient ni à rétablir la convertibilité des monnaies ni à supprimer les restrictions quantitatives, ni à abaisser les droits de douane. Trop souvent le bavardage sur l'unité européenne sert d'alibi à l'inaction. [...] on ne progressera dans la voie de l'intégration que si chaque pays met d'abord ses affaires en ordre. L'assainissement intérieur conditionne l'intégration internationale[33].

Mais surtout, la construction de la Communauté ne devait pas faire oublier la réalité stratégique, celle de l'abaissement et de la division du Vieux Continent :

> L'unité des Six ne serait qu'une caricature de l'unité européenne parce que l'Europe ne peut pas s'arrêter au milieu de l'Allemagne. Je crains que trop souvent on parle de l'unité européenne, Europe de l'OECE, ou Europe du plan Schuman, pour oublier la division de l'Allemagne et de l'Europe. Tant que subsistera le rideau de fer, il n'y aura que des expédients. La collaboration des Six avec ou sans fédération est un de ces expédients – expédients dont on peut souligner l'urgence mais qu'on ne doit pas confondre avec le but authentique[34].

Comme il voulait avant tout préserver la cohésion occidentale, Aron, malgré ses objections, a commenté la CED avec retenue. Son célèbre discours de Francfort devant des étudiants allemands, le 30 juin 1952[35], visait avant tout à détourner les Allemands de la tentation des notes de Staline, qui leur faisaient miroiter la réunification. Mais la CED sous-estimait manifestement les différences fondamentales entre les intérêts respectifs de la France et de la RFA : celle-là avait encore un empire méditerranéen, celle-ci ne pouvait qu'aspirer à la réunification. Aron interrogea Schuman : voulait-il faire des Allemands des concitoyens, alors qu'il n'en voulait pas pour alliés ? La réponse du ministre des Affaires étrangères – « pourquoi pas[36] ? » – le laissa sur sa faim. Aron avait pressenti l'échec de la CED et la solution finalement retenue, la

---

33 Aron, R., « L'unité économique de l'Europe », in *La Revue libre*, n° 2, octobre 1952, p. 21-22.

34 *Ibid.*, p. 22.

35 Aron, R., « Discours aux étudiants allemands par Raymond Aron », in *Preuves*, n° 18-19, août-septembre 1952, p. 3-9.

36 Aron, R., *Mémoires*, Paris, Laffont, 2003, p. 275.

création de la Bundeswehr intégrée dans l'OTAN, lui semblait à la fois plus efficace sur le plan militaire, et politiquement plus satisfaisante.

Toujours convaincu que la cohésion de l'Occident était la garantie de la liberté politique en Europe occidentale, il plaida dans *Le Figaro* pour la continuation de la construction communautaire, mais il n'en vit pas moins dans l'échec de la CED l'« acte de décès[37] » du projet d'intégration conçu par Jean Monnet.

En fait, dès 1950, Aron a pensé l'Europe d'une autre manière. La guerre de Corée effrayait les Européens. Son article pour la fondation du Congrès pour la liberté de la culture portait sur la limitation de la guerre face au risque de guerre totale. Il partageait ainsi les préoccupations de Carl Schmitt qui, dans *Le Nomos de la Terre*, évoque la tradition de la guerre limitée *(die Hegung des Krieges)* dans le *jus gentium europaeum*[38].

Pour éviter la guerre totale, il faut gagner la guerre limitée. Dans sa postface au livre de Burnham, *Contenir ou libérer*, en 1953, Aron écrivait : « Faute de pouvoir trancher le conflit, il faut l'user[39]. » Aron a alors pris ses distances par rapport à ses positions décisionnistes de 1938, inspirées par Max Weber. *Via* l'expérience de la guerre, et désormais confronté au fait nucléaire, il s'achemine alors vers la lecture de Clausewitz à la manière de Delbrück, c'est-à-dire orientée vers l'usure de la volonté de vaincre de l'ennemi au lieu de l'être vers son anéantissement. Dans cette perspective, il fallait à tout prix éviter de reconnaître le *statu quo* de la division du Vieux Continent, mais – ce en quoi Aron s'opposait à Hans Morgenthau – le choix n'était pas entre la guerre et l'accord en bonne et due forme[40].

L'unification de l'Europe qu'espérait Aron n'était certes pas celle de la petite Europe des Six, mais la réunification du Vieux Continent : là était « le but authentique ».

C'est cette distinction fondamentale que Raymond Aron s'est efforcé de rappeler de 1955 à 1983. Dans cette perspective, penser l'Europe, c'est penser la guerre, d'où la place essentielle qu'a occupée dans son œuvre l'interprétation de Clausewitz.

---

37 Aron, R., et Lerner, D. (dir.), *La querelle de la CED : essais d'analyse sociologique*, Cahiers de la Fondation nationale des Sciences politiques, Paris, Armand Colin, 1956, p. 209 et 212.

38 Schmitt, C., *Der Nomos der Erde im Völkerrecht des Jus Publicum Europaeum* [1re édition 1950], Berlin, Duncker und Humblot, 1974, p. 123.

39 Burnham, J., *Contenir ou libérer*, trad. fr., Paris, Calmann-Lévy, « Liberté de l'Esprit », 1953.

40 Aron, R., « Des comparaisons historiques », in Aron, R., *Études politiques*, Paris, Gallimard, 1972, p. 426-455.

*

La réunification de l'Europe n'était cependant pas accessible dans l'immédiat. En janvier 1958, lors d'une réunion du Congrès pour la liberté de la culture, Aron objecta à George Kennan, qui préconisait un désengagement afin de mettre un terme à la division du Vieux Continent, que la situation était certes anormale ou absurde, mais clairement délimitée. « Un partage net de l'Europe, ajoutait Aron est considéré, à tort ou à raison, comme moins dangereux que tout autre arrangement. En d'autres termes, concluait-il, une situation équivoque créerait plus de danger que cette situation anormale. » Aron était, sur ce point, « pour une fois, par accident, et avec un profond regret, du côté des hommes d'État[41] ». Mais, dès lors que le *statu quo* n'était pas reconnu, l'essentiel était préservé.

La révolution hongroise de 1956 attestait à la fois la reconnaissance *de facto* de la ligne de démarcation, et le fait que « le bloc n'[était] pas devenu un empire ». Les événements de Hongrie confirmaient ce que la Seconde Guerre mondiale avait enseigné : les nations sont le cadre politique et historique de la résistance au totalitarisme. « Le peuple hongrois voulait vivre *nationalement* » : « Ce que l'on avait cru impossible – un peuple abattant tout seul un État totalitaire – était soudain réalité. Les mots d'ordre de 1848, liberté, nation, justice, retrouvaient, contre la tyrannie bureaucratique et la domination russe, leur éternelle fraîcheur. » Là est l'événement européen qui a passionné Raymond Aron en 1956 : « Radio Kossuth, statue de Bem, cercle Petöfi, ces noms nous ramènent au temps où nation et liberté avaient partie liée. La nouvelle alliance, conclue en Hongrie, n'est ni anachronique ni accidentelle[42]. »

Le fait national restait donc bien la dimension essentielle de la liberté politique, sa permanence attestait la vitalité historique de l'Europe.

Dans *Espoir et peur du siècle*, Aron observait le relèvement économique de l'Europe occidentale et, là encore, la permanence des nations :

> Pourtant, ne faut-il pas constater, qu'on s'en félicite ou qu'on le déplore, que les unités nationales de l'Europe sont destinées à survivre, qu'elles ne vont pas se fondre en une unité fédérale d'un ordre supérieur ? Le prix de cette fidélité aux nations est-il, comme tant d'Européens en sont convaincus, la ruine commune[43] ?

---

41 Kennan, G. F., *Memoirs* 1950-1963, New York, Pantheon, 1972, p. 253, et Aron, R., *Mémoires*, cit., p. 280.

42 Aron, R., « Une Révolution antitotalitaire », in Lasky, M., et Bondy, F., *La Révolution hongroise : histoire du soulèvement d'octobre*, Paris, Plon, « Les Documents de *Tribune Libre* », 1957.

43 Aron, R., *Espoir et peur du siècle*, Paris, Gallimard, 1957, p. 222.

L'objection fondamentale qu'il oppose dès 1950 au projet de Jean Monnet a toujours été la même : l'unité européenne doit être voulue pour elle-même, elle n'est indispensable ni à la prospérité économique, à laquelle une zone de libre-échange peut suffire, ni à la défense, puisque les Européens s'en sont remis pour celle-ci à l'Alliance atlantique. Dans sa théorie des relations internationales, *Paix et guerre entre les nations*, Raymond Aron réaffirme l'autonomie du politique et rejette la vision de Jean Monnet :

> L'espoir que la fédération européenne sortira insensiblement et irrésistiblement du Marché commun se fonde sur une grande illusion de notre temps : l'illusion que l'interdépendance économique et technique entre les différentes fractions de l'humanité a définitivement dévalorisé le fait des « souverainetés politiques », d'États distincts qui se veulent autonomes[44].

Pourtant, Raymond Aron a infléchi sa position au cours des années 1960, en réaction à la politique étrangère gaullienne. S'il a approuvé la fondation de la Ve République, parce que le gouvernement de la France serait désormais respecté, et que le nouveau régime serait capable de mettre en application les traités européens, Aron a désapprouvé la stratégie nucléaire gaullienne, dont il craignait qu'elle ne fût à la fois coûteuse et inefficace, jusqu'à remettre en cause la cohésion de l'Alliance atlantique. En 1957, Aron avait conseillé la création d'une force de dissuasion européenne, non qu'il en méconnût la difficulté politique, mais parce qu'il pensait que l'entreprise dépassait les moyens techniques et financiers d'un État isolé. C'est pourquoi la force de frappe gaullienne ne le convainquait pas.

D'où, après l'épisode de la chaise vide, et le retrait de la France du commandement intégré de l'OTAN, les articles intitulés « L'idée européenne est-elle en train de mourir ? » en novembre 1966[45].

Aron y exprimait la crainte que la politique du général de Gaulle ne ramenât l'Europe à la situation dangereuse de 1914.

De fait, c'est seulement à partir de 1965 qu'il commence à accorder une signification historique de premier plan à la construction européenne. Il utilise désormais[46] cette expression, quoique avec parcimonie,

---

44 Aron, R., *Paix et guerre entre les nations*, Paris, Calmann-Lévy, 1962, p. 740.

45 Aron, R., « L'idée européenne est-elle en train de mourir ? », in *Le Figaro*, « I. L'idée européenne est-elle en train de mourir ? », 15 novembre 1966, « II. L'échec politique », 17 novembre 1966, « III. L'Europe des nations », 19-20 novembre 1966. Cf. aussi Aron, R., « Mort ou métamorphose de l'idée européenne ? », in *Le Figaro*, « I. Mort ou métamorphose de l'idée européenne ? », 7 décembre 1966, « II. Garder confiance », 12 décembre 1966.

46 BNF, Fonds Raymond Aron, NAF 28060, boîte 219, L'après-guerre, esquisse d'un quart de siècle, Chapitre 2 : le relèvement de l'Europe, folios 86 et 87. Aron, R., « Perspectives européennes », in *Le Figaro*, 27 décembre 1965.

et présente Jean Monnet et Robert Schuman comme les « pères fondateurs », alors que leurs noms n'étaient pas même cités dans *Paix et guerre entre les nations*.

Les articles de novembre 1966 suscitèrent de la part de Jean Monnet la proposition d'une action commune. Aron répondit à Monnet, mais ce projet resta lettre morte. En réalité, Aron restait avant tout préoccupé par la cohésion de l'Occident, il n'était nullement converti à la vision de Jean Monnet, ce qu'atteste sa correspondance avec Pierre Chatenet, président de l'Euratom :

> Mon idée essentielle n'est pas que l'Europe se confonde avec l'Europe des Six, ni que les institutions communautaires sont indispensables à la prospérité et à la paix.
>
> Ma conviction centrale, c'est que des relations internationales d'un type relativement nouveau s'étaient progressivement instaurées à l'intérieur du monde occidental et, particulièrement, entre les Six. Je crains que pour de multiples raisons (la politique du gouvernement français n'en est qu'une entre d'autres), nous soyons en train de revenir à des relations d'un type plus traditionnel, dont je n'arrive pas à me réjouir[47].

Ses prises de position au cours des années 1970 le confirment. Il fait le constat d'une crise de civilisation : les Européens de l'Ouest, dans le cadre du Marché commun, ont atteint une prospérité sans précédent, mais pour rester libres, les Européens devaient continuer d'être des citoyens, il leur fallait donc assumer le devoir de défense. Or, c'est précisément ce sur quoi ils n'avaient pas voulu s'engager.

Avec pragmatisme, Aron a soutenu les élargissements de la CEE : il approuve l'adhésion du Royaume-Uni, mais souhaite que l'on évite le délitement de la Communauté. Il milite pour l'élargissement au Sud qui devient possible après la révolution des œillets au Portugal en 1974, et avec le retour de la Grèce et de l'Espagne dans la famille des démocraties européennes. Aussi bien n'avait-il jamais considéré les régimes espagnols et portugais comme des fascismes[48] ; il évoquait dès 1950 l'absurdité d'un Conseil de l'Europe où siégeait la Turquie, tandis que l'Espagne en était exclue[49]. À partir de 1971, il observe attentivement la crise monétaire consécutive au choc Nixon et soutient avec ténacité tous les efforts pour coordonner les politiques monétaires européennes.

---

[47] BNF, Fonds Raymond Aron, NAF 28060, boîte 142, lettre de Raymond Aron à Pierre Chatenet, 20 décembre 1966, texte cité par Soutou, G.-H., in Aron, R., *Les articles de politique internationale dans* Le Figaro *de 1947 à 1977*, t. III, *Les crises (Février 1965 à avril 1977)*, Paris, Fallois, 1997, p. 22-23.

[48] Aron, R., « De la libéralisation », in *Penser dans le temps, Mélanges en l'honneur de Jeanne Hersch*, Lausanne, L'âge d'homme, 1977, p. 202.

[49] Aron, R., *Les guerres en chaîne*, cit., p. 411.

Cependant, il distingue comme grands hommes européens des hommes d'État qui ont agi à l'échelle de leur nation : après de Gaulle et Adenauer, ce sont, dans les années 1970, Caramanlis en Grèce, Juan Carlos en Espagne, et enfin Margaret Thatcher en Grande-Bretagne, dont il espérait qu'elle mettrait un terme au lent et long déclin du Royaume-Uni[50].

Mais l'essentiel restait la division du continent européen. Sur ce point, la pensée de Raymond Aron n'avait pas changé. Il s'inquiéta donc des conséquences de la Détente. Parce que la nature du régime soviétique restait la même, il convenait, selon lui, de s'en tenir à la même politique, c'est-à-dire de ne reconnaître à aucun prix le *statu quo*. Or, c'est précisément ce qui se produisit avec l'acte final d'Helsinki en 1975. Aron brocarda « La foire aux diplomates[51] ». Conscient de la supériorité économique de l'Europe occidentale, il s'inquiétait en revanche de la puissance militaire soviétique, qui atteignait alors son apogée.

C'est au moment où allaient aboutir les négociations d'Helsinki que Raymond Aron s'exprima, à Bruxelles[52] puis à Paris[53], sur l'état et la destinée de l'Europe. À Bruxelles, il n'hésita pas à se présenter comme un « grognard » du mouvement européen, ce qu'il était effectivement, comme vétéran de l'entreprise, et comme critique invétéré de l'aventure européenne. Il fit ainsi l'éloge de la construction européenne, tout en en décrivant les limites.

Sa critique se fit plus aiguë à Paris où, au Sénat, il insista sur la mort de l'idée européenne comme mythe, toujours au sens que Georges Sorel donnait à ce mot : celle d'idée mobilisatrice, susceptible d'inspirer l'action.

> Je me crois volontiers Européen, déclarait-il, parce que je me sens chez moi à Londres aussi bien qu'à Paris, à Florence comme à Tübingen. Mais, en ce sens, les hommes cultivés du siècle des Lumières, probablement même des clercs de la chrétienté, étaient de meilleurs Européens que nous[54].

---

50 Aron, R., « Le relatif déclin de l'Europe » [conférence du 8 juin 1983], in Société amicale des anciens élèves de l'École polytechnique (AX), *Ranimer l'Europe*, Paris, Les Éditions d'Organisation, 1984, p. 249-255 (conférence) et p. 261-265 (discussion).

51 Aron, R., « La foire aux diplomates », in *Le Figaro*, 30 juillet 1975.

52 Aron, R., « L'Europe face à la crise des sociétés industrielles », in *L'Europe des crises*, Bruxelles, Bruylant, « Bibliothèque de la Fondation Paul-Henri Spaak », 1976, p. 77-142.

53 Aron, R., « L'Europe, avenir d'un mythe » [13 mai 1975], publié in *Cités*, n°24, 2005 (publication antérieure avec une conclusion différente du texte prononcé au Sénat in *Les Cahiers européens*, 1975, 3, p. 8-10).

54 *Ibid.*

De fait, la formule de Raymond Aron ressemble beaucoup à celle qu'employait Burke dans ses *Lettres sur la paix avec le Directoire* : « No citizen of Europe could be altogether an exile in any part of it[55]. »

Parallèlement, Aron insistait sur les limites de la construction européenne : « En réalité, avertissait-il, la Communauté ne fonctionne plus, elle ne progresse que grâce à la volonté des gouvernants. Que cette volonté s'affaiblisse et les obstacles deviennent insurmontables. Qu'elle disparaisse et il ne reste plus qu'une bureaucratie internationale. »

L'essentiel était ailleurs : dans une conférence[56] prononcée à New York en 1974, « Une citoyenneté multinationale est-elle possible ? », Aron rappelait que « le citoyen à vocation de soldat ». Il reprenait ainsi la formule qu'il avait utilisée en 1934 « on n'a pas le droit d'être citoyen jusqu'à la guerre exclusivement ».

En fait, dans la conférence de 1974 comme dans *Penser la guerre, Clausewitz*, publié deux ans plus tard, il insistait sur son expérience de juif français, privé de ses droits civiques par la défaite de mai-juin 1940 :

> L'histoire a confirmé la discrimination entre les droits de l'homme et ceux du citoyen. En fait, quiconque a connu l'expérience de la perte de sa collectivité politique a éprouvé l'angoisse existentielle (fût-elle temporaire) de la solitude ; que reste-t-il en fait à l'individu, dans les périodes de crise, de ses droits humains, quand il n'appartient plus à aucune collectivité politique ? Les juifs de ma génération ne peuvent oublier la précarité des droits de l'homme, dans le monde tel qu'il est, lorsqu'ils ne coïncident plus avec les droits du citoyen. Or les droits du citoyen impliquent aussi des devoirs et, le premier de tous, dans la tradition continentale de l'Europe, est le devoir de servir sous les drapeaux, si l'État ou les circonstances l'exigent[57].

Rapprochant 1806 et 1940, Iéna et l'Étrange défaite[58], Aron voyait en Clausewitz un citoyen[59]. *Penser la guerre, Clausewitz*, plus que le

---

55 Burke, E., *Two letters addressed to a member of the present parliament on the proposals for peace with the regicide Directory of France*, Londres, Rivington, 1796, p. 111.

56 Aron, R., « Une citoyenneté multinationale est-elle possible ? » [1974], in *Commentaire*, n° 56, hiver 1991, p. 695-704, rééd. in Aron, R., *Les sociétés modernes*, Paris, PUF, 2006, p. 781-797.

57 *Ibid.*

58 Pour le rapprochement entre 1806 et 1940, cf. Aron, R., « Clausewitz et l'État », in *Annales. Économies. Sociétés. Civilisations*, 1977, vol. 32, n° 6, p. 1262. Cf. aussi Aron, R., « Méditations sur la défaite » [compte rendu de *L'Étrange défaite*], in *Critique*, n° 12, 1947, p. 439-447, rééd. in *Marc Bloch, L'Histoire, la Guerre, la Résistance*, p. 1013-1020 ; rééd. sous le titre « Méditation sur la défaite et sur la France. Ernest Renan et Marc Bloch », in *Commentaire*, n°124, hiver 2008, p. 1131-1136 ; Bloch, M., *L'étrange défaite*, in *Marc Bloch, L'Histoire, la Guerre, la*

Plaidoyer pour l'Europe décadente, peut apparaître comme le grand livre d'Aron sur l'Europe, parce qu'il porte sur le devoir civique par excellence, et sur le destin historique du Vieux Continent confronté, à partir de l'époque de la Révolution française, à l'enchaînement de guerres idéologiques que la levée en masse, expression de la démocratie, puis les moyens offerts par la révolution industrielle ont transformées en guerre totale.

Aron affirmait en 1974 : « Il n'y a pas de citoyens européens, il n'y a que des citoyens français, allemands ou italiens ».

De la même manière, il déclarait le 16 juin 1976 en Sorbonne, à l'occasion du bicentenaire des États-Unis : « Peut-être y aura-t-il un jour une nation américaine au sens où il existe une nation française. Pour l'instant, et au bout de deux siècles, il existe une *polity*, une cité américaine dont des millions de citoyens ont appris à respecter les lois et à revendiquer les droits. » Et il avertissait : « Que les Européens n'y cherchent pas une leçon : ils appartiennent, eux, à leur nation avant d'appartenir à une cité et la différence est profonde[60]. »

On ne saurait mieux dire qu'il n'aurait pas accepté l'idée d'un patriotisme constitutionnel[61]. Aron est mort trop tôt pour avoir une explication avec Habermas. Celui-ci s'indignait en 1990 de l'« annexion » de la RDA par le chancelier Kohl, et rendait ainsi hommage à Karl Jaspers :

> Karl Jaspers avait en 1960 parlé un langage clair : « L'histoire de l'État national allemand, écrivait Jaspers, touche à sa fin. Ce que, en tant que grande nation [...] nous pouvons amener, c'est la prise de conscience de la situation mondiale, à savoir que l'idée d'État national est aujourd'hui le malheur de l'Europe et de tous les continents. » Ce fut-là, précisait Habermas, un *credo* que ne partagèrent pas seulement les intellectuels libéraux ou de gauche[62].

Aron, au contraire, interprétait en 1983 la pensée politique de Jaspers de manière diamétralement opposée :

> Jaspers a conservé toute sa vie le sens national : il craint l'exil, la perte de ce qu'il doit à son peuple. Et, citant Jaspers : « Le déracinement de l'individu humain peut aller si loin qu'il en arrive à changer de nationalité ou à devenir

---

Résistance, textes présentés par Annette Becker et Étienne Bloch, Paris, Gallimard, « Quarto », 2006, p. 519-653.

59 Aron, R., « Clausewitz et l'État », cit., p. 1262.

60 Aron, R., « Constitution et nationalité aux États-Unis », in *Cités*, n° 29, 2007, p. 142-143.

61 Cf. Müller, J.-W., *Constitutional Patriotism*, Princeton, Princeton University Press, 2007.

62 Habermas, J., « L'identité des Allemands, une fois encore », in Habermas, J., *Écrits politiques*, trad. fr., Paris, Flammarion, 1999, p. 321.

apatride et qu'il se trouve réduit à la situation d'un hôte simplement toléré. Mais il ne peut réaliser son vouloir historique qu'en s'identifiant au sort de sa propre patrie. Personne ne quitte son pays sans dommage[63]. »

Aron n'aurait donc pas considéré la philosophie politique d'Habermas comme la pensée indépassable de notre temps[64].

*

Il ne faisait en revanche aucun doute pour lui que, même en l'absence d'une citoyenneté européenne, l'Europe reste le bien commun des nations qui la composent : « La défense de la France, écrivait-il en 1982, si elle signifie celle de la liberté du pays, ne se sépare pas de la défense de l'Europe[65]. »

En cette phrase d'Aron se rejoignent le devoir du citoyen français envers sa patrie et la responsabilité de l'intellectuel libéral pour l'Europe. Aussi est-ce sur cette phrase que je conclus.

---

63 Aron, R., „Karl Jaspers et la politique", in *Karl Jaspers, Philosoph, Arzt, politischer Denker*, Symposium zum 100. Geburtstag in Basel und Heidelberg, Munich, Piper, 1986, p. 65. Cf. aussi *Raymond Aron 1905-1983, Histoire et politique, Commentaire*, n°28-29, 1985, p. 533.

64 Sur l'influence de Habermas et sa contestation au début du XXIe siècle, cf. Soutou, G.-H., « Lectures allemandes : Habermas est-il le penseur indépassable de notre temps ? », in *Géopolitique*, n° 91, *L'Allemagne à un tournant*, septembre-novembre 2005, p. 90-99.

65 Aron, R., préface à Manel, M., *L'Europe sans défense ?*, Paris, Berger-Levrault, « Stratégies », 1982, p. 14.

Troisième partie

Les nations européennes à l'aube de l'histoire universelle : situations et dimensions

L'Europe à l'âge de l'histoire universelle

Nicolas BAVEREZ

Dans une conférence prononcée le 18 février 1960 sous l'égide de la Société des amis de l'Université hébraïque de Jérusalem et intitulée « L'Aube de l'histoire universelle », Raymond Aron soulignait l'unification du champ diplomatique provoquée par les deux Guerres mondiales, la diffusion de la logique économique et technique de la société industrielle, la division radicale liée à l'affrontement des idéologies du XXe siècle enfin[1]. La mondialisation, qui se trouve au principe de notre temps, a fait entrer définitivement l'humanité dans l'âge de l'histoire universelle, caractérisé par l'extension planétaire du capitalisme, par un système multipolaire privé de la réassurance d'une superpuissance – tels le Royaume-Uni au XIXe siècle ou les États-Unis au XXe siècle –, par l'hétérogénéité persistante des valeurs, des cultures et des institutions politiques enfin.

Le basculement du centre de gravité du capitalisme vers les pays émergents, notamment l'Asie, met fin au monopole dont l'Occident disposait sur l'histoire du monde depuis le XVIe siècle. Les États-Unis abordent une ère de puissance relative et voient leur leadership contesté par la Chine. L'Europe est menacée de déclin et se trouve plus que jamais en situation d'être « vaincue par sa victoire » : à la suite des États-Unis, ses anciennes colonies prennent leur revanche en retournant contre elle la dynamique du capitalisme, les sciences et les techniques qu'elle a inventées. Après le suicide de l'Europe libérale au cours de la Grande Guerre, après l'anéantissement matériel et moral de la Seconde Guerre mondiale, après la division issue de la Guerre froide, puis les drames de la décolonisation, l'affaiblissement du continent semblait devoir prendre fin avec la chute du mur de Berlin et l'effondrement du soviétisme. Or, loin de répondre aux promesses de renaissance que semblaient porter son unité et sa souveraineté retrouvées, l'Europe s'est

1 Aron, R., « L'Aube de l'histoire universelle », conférence donnée le 18 février 1960 dans le cadre des Lord Samuel Lectures sous l'égide de la Société des amis de l'Université hébraïque de Jérusalem, publiée in Aron, R., *Dimensions de la conscience historique*, Paris, Plon, 1961, rééd., Paris, Les Belles Lettres, 2011.

marginalisée au sein de la mondialisation et son intégration s'est bloquée avant de régresser brutalement avec la crise de l'euro.

Aussi apparaît-il utile de penser l'histoire et la situation de l'Europe en ce début de l'histoire universelle à la lumière de Raymond Aron, qui, de sa thèse consacrée à la philosophie de l'histoire à la veille du second conflit mondial[2] jusqu'à sa méditation sur *Les dernières années du siècle*[3] en pleine crise des euromissiles, n'a cessé d'analyser le statut paradoxal d'un continent riche d'atouts mais menacé autant par ses divisions intérieures que par l'expansionnisme soviétique. Cette tension s'exprime pleinement dans le *Plaidoyer pour l'Europe décadente*[4], qui mêle le constat du déclin d'un continent inconscient de sa supériorité et victime de ses clivages avec l'engagement pour la liberté politique et la confiance de long terme envers les nations et les peuples qui l'ont choisie.

L'accélération du déclin européen

La mondialisation marque une révolution qui a fait éclater les frontières entre l'Est et l'Ouest à partir de la chute du mur de Berlin, puis entre le Nord et le Sud avec le développement des pays émergents. De cette révolution qui est fondée sur l'universalisation de ses techniques, de ses modes de vie, de certaines de ses institutions, l'Europe compte parmi les grands perdants.

La mondialisation, qui a pris naissance à la fin des années 1970 en réponse au blocage de la régulation keynésienne, a connu trois âges successifs. Le premier prend place de 1979 à 1989, et débute avec la rencontre d'événements majeurs : le lancement de la désinflation par Paul Volcker aux États-Unis et l'arrivée au pouvoir de Margaret Thatcher au Royaume-Uni qui lança la libéralisation des économies développées ; l'invasion de l'Afghanistan et l'élection de Jean-Paul II qui marquèrent le début de la fin de l'Union soviétique ; la révolution iranienne qui acta le retour en force du théologico-politique au premier rang de l'histoire ; enfin la politique des quatre modernisations décidée par Deng XiaoPing qui donna le coup d'envoi aux Trente Glorieuses de la Chine, au terme desquelles elle s'affirme comme la deuxième puissance économique du monde. De 1989 à 2001, la mondialisation connut son âge d'or avec l'effondrement de l'empire soviétique : le capitalisme, désormais sans modèle alternatif, s'universalisa, porté par la montée des marchés au

---

2 Aron, R., *Introduction à la philosophie de l'histoire. Essai sur les limites de l'objectivité historique*, Paris, Gallimard, 1938, rééd., Paris, Gallimard, « Bibliothèque des sciences humaines », 1986.

3 Aron, R., *Les dernières années du siècle*, Paris, Julliard, « Commentaire », 1984.

4 Aron, R., *Plaidoyer pour l'Europe décadente*, Paris, Laffont, 1977.

détriment des États, le démantèlement des frontières et l'avènement des technologies de l'information. À partir de 2001, sous l'effet croisé du développement des bulles spéculatives et de la démesure de l'hyperpuissance américaine, apparurent des turbulences croissantes. D'un côté, les attentats du 11 septembre 2011 débouchèrent sur des guerres en chaîne, de l'Irak à l'Afghanistan, impliquant les grandes démocraties. De l'autre, la conjonction du laxisme de la politique monétaire américaine, de la multiplication des bulles spéculatives et du blocage du modèle de la croissance à crédit dans le monde développé provoqua une crise financière qui culmina à l'automne 2008 avec la faillite de Lehman Brothers, l'effondrement du crédit et le choc déflationniste mondial qui s'ensuivit.

Le fil conducteur de ces trois décennies réside dans le renversement du monde vers l'Est et le Sud. Depuis trois décennies, le monde a connu une croissance forte (3,2 %) mais très inégalement répartie entre le monde développé (1 % pour l'Europe et 2,5 % pour les États-Unis) et les pays émergents (4,8 %). Le Sud représente désormais 52 % de la production industrielle – contre 30 % il y a vingt ans –, possède 80 % des réserves de change, assure les deux tiers des levées de fonds et aligne des fonds souverains dont la force de frappe financière atteint 3.500 milliards de dollars. La seule Asie crée désormais 21 % de la richesse mondiale et entre pour 32 % de la capitalisation boursière mondiale contre 30 % pour les États-Unis et 25 % pour l'Europe. Après le choc déflationniste de 2008, la mondialisation ne cesse de muter, en se polarisant autour des grands pôles émergents. Le développement se diffuse au Sud, gagnant après l'Asie, l'Amérique latine (croissance de 4,5 % au cours des années 2000) et l'Afrique (croissance de 5,5 % au cours des années 2000). Une seconde vague de pays émergents s'affirme, portée par l'Indonésie, la Malaisie, l'Afrique du sud, la Turquie ou le Mexique. En raison du surendettement et du chômage de masse dans le monde développé, les modèles économiques du Sud, à l'image de la Chine, se réorientent vers la satisfaction de la consommation intérieure (les consommateurs du Sud représentent désormais 34 % de la demande mondiale contre 27 % pour les États-Unis), tandis que la relance du commerce international est soutenue par le commerce Sud-Sud. Enfin, des pôles structurants se dessinent autour des États-continents, à l'exemple de la Chine qui constitue un espace de libre-échange et une zone monétaire dans le Pacifique autour du yuan en voie d'internationalisation (plus de 400 millions de dollars d'échanges quotidiens).

Dans le même temps, l'Europe a décroché dans la mondialisation. Sa croissance a été limitée à 2,2 % dans les années 1990 et 1,1 % dans les années 2000 contre 3,1 % et 3,4 % dans le monde, 3,4 % et 6 % dans les pays émergents. Depuis 2000, son poids dans le PIB mondial a chuté de 20 % à 15 %, tandis que sa part des échanges mondiaux revenait de 28 % à 22 %. Au sortir de la crise, sa croissance potentielle est inférieure à 1 % et le chômage touche 10 % de la population active et plus de 20 % des jeunes de moins de 25 ans. L'endettement public a explosé, culminant à 88 % du PIB contre 35 % du PIB dans le monde émergent. Parallèlement, les engagements de retraite culminent à 440 % du PIB et les droits de tirage sur le système de santé 250 % du PIB, d'où la crise de la dette souveraine qui n'est nullement cantonnée à la Grèce ou aux pays périphériques, mais déstabilise l'ensemble de la zone euro – une crise qui, de financière, est devenue économique et politique, mettant directement en cause la gouvernance de l'Union et de l'euro.

Au seuil de la décennie 2010, l'Europe cumule les difficultés sur le plan des nations et de l'Union. Les premières sont liées à la divergence tant des modèles économiques et sociaux que des principes politiques. Sous le grand marché et la monnaie unique se sont creusés les écarts de productivité dont témoignent les déséquilibres commerciaux et courants, exacerbés par des politiques économiques non coopératives, mais aussi de profondes différences politiques qui se cristallisent autour de la remise en question du multiculturalisme ou de la gestion de l'énergie nucléaire après la catastrophe de Fukushima. Le continent se trouve ainsi écartelé entre cinq catégories de pays : le noyau dur et soutenable de la zone euro autour de l'Allemagne ; les pays périphériques de la zone euro promis au défaut, à l'image de la Grèce, du fait du cumul du surendettement, de la sous-compétitivité et de la surévaluation de l'euro ; les pays intermédiaires menacés telles l'Italie par ses divisions et la faiblesse de son gouvernement ou la France par le caractère insoutenable d'un modèle économique fondé tout entier sur une consommation alimentée par des dépenses publiques (56 % du PIB) financée par la dette (85 % du PIB) ; les passagers clandestins non membres de la zone euro comme le Royaume-Uni ou la Suède ; enfin, les économies émergentes d'Europe centrale et orientale qui montrent des réussites remarquables comme la Pologne ou des stagnations populistes comme en Hongrie. Au total, l'élargissement de l'Union et la création de la zone euro se sont traduits par une divergence qui exacerbe les tensions politiques ainsi que l'a montré la faillite de la Grèce.

Soixante ans après la déclaration lancée par Robert Schuman, la construction européenne traverse une crise aiguë dont l'issue déterminera largement son statut dans le monde du XXIe siècle. Sous la crise financière et la déstabilisation de la zone euro pointent les problèmes structurels de l'Europe qui ont été aggravés, mais non créés par les bulles spéculatives des années 2000.

1/ Une monnaie unique fondée sur des principes viciés avec l'absence de réassurance politique et de coordination de la politique monétaire, le refus de la responsabilité budgétaire, de la solidarité financière et de l'harmonisation fiscale, le manque de mobilité du travail, la non-prise en compte de la possibilité de défaut d'un État-membre.

2/ Une grande fragilité du système bancaire qui assure 70 % du financement de l'économie et qui est menacé de faillite en cas de défaut des pays méditerranéens.

3/ Une déflation larvée depuis 1990 sur fond de déclin (population en recul de 54 millions d'habitants d'ici à 2050) et de vieillissement démographiques accélérés.

4/ Un vide politique et une incapacité à gérer les chocs et les crises confortés par l'éclatement des centres de décision décidé par le traité de Lisbonne et illustrés par les atermoiements de l'aide à la Grèce – placée sous le signe du « trop peu, trop tard, trop désuni ».

5/ Une renationalisation des politiques communautaires, du grand marché aux accords de Schengen, qui nourrit les passions populistes et nationalistes dans lesquelles le sentiment anti-européen est en passe de supplanter la peur de l'islam.

6/ Une marginalisation stratégique et diplomatique dont témoignent l'échec de la conférence de Copenhague sur le changement climatique ou les divisions sur l'intervention en Libye et ce, au moment même où l'environnement du continent se trouve bouleversé par le repli des États-Unis et par les révolutions du monde arabo-musulman.

Pour être universelle, l'histoire du XXIe siècle ne sera pas pour autant pacifique et stable. La naissance d'un capitalisme-monde, la configuration multipolaire et l'opposition des systèmes de valeurs, sont indissociables de la multiplication des chocs et des crises. Dans la continuité du XXe siècle, la rivalité se poursuit entre les États-continents. Et, si la lutte à mort entre démocratie et totalitarisme s'est achevée, la mondialisation de la liberté politique n'a pas suivi celle du capitalisme. Le déclin européen menace aujourd'hui le développement du continent ; il peut compromettre demain sa liberté, face au défi lancé par certains pays émergents qui entendent surclasser les nations développées en termes de développement en récusant la liberté politique, en écartant l'État de droit, en contrôlant la société et l'information.

L'Europe, tiers continent du XXIe siècle

Au cours de la seconde moitié du XXe siècle, trois mondes ont cohabité. L'Occident, uni autour des valeurs de la démocratie et seul gestionnaire du capitalisme, est sorti vainqueur de la Guerre froide au moment où nul ne l'attendait. L'empire soviétique s'est désagrégé de l'intérieur à partir de la chute du mur de Berlin, du fait de la paupérisation des masses asservies et de la fin de la terreur, entraînant la déchéance du communisme et de l'économie planifiée comme alternative au marché. Le Tiers Monde a conquis sa souveraineté, mais longtemps échoué à enclencher le développement, à l'exception des tigres et dragons asiatiques. La mondialisation a favorisé le décollage économique du Sud que les tiers-mondistes avaient rêvé et méthodiquement compromis en raison de leur refus idéologique du marché. Dans le même temps, l'Occident qui inventa et gouverna le capitalisme s'enfonce dans la crise et se trouve privé de capacité de réaction face aux chocs en raison du délabrement des finances publiques et du bilan des banques centrales. Les États-Unis échouent à trouver un accord de long terme pour restaurer la maîtrise de leurs finances publiques et ne se retrouvent que sur le fait d'abuser du privilège du dollar pour exporter l'inflation dans le monde, sans même parvenir à générer croissance et emploi. La pression du mouvement *Tea Party* entretient une atmosphère proche de la guerre civile qui interdit tout compromis sur l'évolution du modèle économique et social. Sous l'effet de la crise intérieure, l'Amérique s'engage dans une phase de repli hors de l'Europe et de la Méditerranée pour se concentrer sur les Amériques et le Pacifique. Au Japon, la classe politique fait la démonstration de son impuissance à reconstruire le pays et à surmonter la déflation (0,3 % de croissance annuelle depuis 1990), sur fond d'une dette publique sortie de tout contrôle (220 % du PIB). Les désordres culminent en Europe, enlisée dans la faillite de la Grèce qui a dégénéré en crise de l'euro, puis en crise de l'Union tout entière.

L'Europe se trouve désormais menacée de déclassement et de marginalisation dans l'histoire du XXIe siècle, distancée non seulement par le G2 américano-chinois, mais par les autres pôles émergents comme l'Inde, le Brésil, la Russie, voire à terme l'Afrique du sud et la Turquie. Du fait de sa dépendance face au cycle et aux régulations mondiales dictées par les autres continents, du fait de son instabilité croissante liée au surendettement et au chômage de masse, elle s'installe à la périphérie de l'histoire universelle. Après avoir renoncé à être un acteur stratégique, prix à payer pour les guerres mondiales et les idéologies du XXe siècle, l'Europe subit la tentation de renoncer à produire, investir et innover. Elle reste un continent riche mais stagnant, traversé par des tensions politiques et sociales de plus en plus fortes. Un continent-musée tourné vers le passé, coupé des mouvements sociaux et des idées qui font le XXIe siècle. Un continent moins soumis à des menaces extérieures qu'otage de sa perte de vitalité, de ses divisions et de son impuissance.

La crise est économique et financière, mais surtout politique, liée à l'incapacité des États à faire face à la gestion des risques et à construire un projet pour l'Europe dans la mondialisation. Jamais depuis les années 1930, la politique n'a été aussi nécessaire face aux transformations du système mondial et au choix du fédéralisme qu'impose la survie de l'euro ; rarement elle a été aussi défaillante, bredouillant le retour aux recettes du passé sous la forme d'une renationalisation des politiques au lieu d'inventer l'avenir.

Le constat de Bernanos est parfaitement actuel, selon lequel « l'Europe est moins ébranlée par des forces antagonistes qu'aspirée par le vide ». Vide du projet depuis la chute du mur de Berlin. Vide des institutions et du leadership communautaires sapés par les États-membres. Vide des politiques dont les compétences retournent aux États, des atteintes au grand marché à la régulation économique et financière en passant par le démantèlement de fait de l'espace de Schengen ou par la mise en pièce de la politique étrangère et de sécurité. À l'inverse, les divisions profondes ne cessent de s'approfondir, y compris entre la France et l'Allemagne dont le couple est devenu virtuel : la gouvernance de l'euro, le sauvetage des pays périphériques, la sortie de l'énergie nucléaire, l'intervention en Libye témoignent non seulement de choix opposés, mais d'un éloignement croissant et durable des valeurs et des peuples. L'Europe continue à mobiliser à l'intérieur, mais se désagrège de l'intérieur. De ce repli sur les États-nations qui va à rebours de la relance de l'intégration qui seule pourrait assurer une sortie de crise par le haut du continent, la jurisprudence de la Cour constitutionnelle de Karlsruhe est exemplaire. Elle a fixé des limites strictes à tout nouveau transfert de compétence vers l'Union, ce qui acte la priorité accordée par l'Allemagne à sa réunification et à son déploiement solitaire dans la mondialisation, efficace à court terme mais condamné à moyen terme. Car même l'Allemagne n'est plus de taille à affronter seule les risques et les États-continents qui domineront le XXIe siècle, dont les relations sont placées sous le signe d'une entente politique impossible et d'une guerre économique improbable.

Délivrée des périls extérieurs directs comme des conflits armés internes depuis l'apaisement des violences dans l'ex-Yougoslavie, l'Europe s'est installée dans l'illusion d'un monde post-historique, coupé de la puissance. Or l'âge de l'histoire universelle ne supprime nullement les ambitions rivales ou la possible ascension aux extrêmes de la violence. Par ailleurs, il est indissociable de risques systémiques – bancaires, financiers, monétaires, sanitaires, environnementaux, terroristes – qui ne peuvent être réassurés par les États et comportent une part d'irréversibilité. Pour y faire face, la politique adossée à l'exercice de moyens effectifs de puissance est plus que jamais nécessaire, même si elle doit s'articuler aux acteurs économiques et sociaux d'une part, se déployer dans le cadre d'actions coordonnées au plan continental ou mondial d'autre part. C'est le moment que choisit l'Europe, qui disposait d'une avance considérable en termes d'intégration, pour régresser. Régression en termes de légitimité avec les doutes croissants sur son identité et son projet. Régression opérationnelle avec l'indécision et l'incohérence chronique dans la gestion des crises. Régression intellectuelle avec une ambition réduite à la protection face à une histoire et à un monde qui se sont émancipés, avec la contagion du malthusianisme et de l'extrémisme, sinistres compagnons de route de son déclin. La dépression, la peur et l'impuissance sont la marque d'une Europe qui s'abandonne, laissant à ses anciennes colonies la responsabilité de construire la civilisation de la mondialisation et de la société ouverte dont elle a inventée les principes mais dont elle n'a plus la volonté d'assumer les changements qu'elle implique. Elle en paiera tôt ou tard le prix, y compris en termes de liberté.

Les raisons d'espérer d'une renaissance de l'Europe

La marginalisation de l'Europe n'est ni souhaitable, ni fatale. Le déclin relatif dans la production et les échanges mondiaux constitue la contrepartie du développement du Sud et de la sortie de la misère de ses habitants, qui marque un progrès économique, politique et moral. En revanche, la spirale infernale du déclin démographique, de la stagnation, du surendettement et de la sous-compétitivité n'a rien d'inéluctable et peut être enrayée. Elle livre en effet le continent aux passions nationalistes, xénophobes et protectionnistes, indissociables de sa désintégration. Cette évolution serait d'autant plus paradoxale et dangereuse que l'Europe peut apporter une contribution originale à l'âge de l'histoire universelle. D'abord, en poursuivant la première expérience d'une construction multinationale fondée sur la liberté et le marché, non la force et l'oppression. Ensuite, en faisant vivre une conception modérée et pluraliste de la liberté différente du modèle américain, régulièrement menacé par la démesure. Mais ceci a pour condition que l'Europe se donne les moyens d'exister comme acteur à part entière de la mondialisation.

L'Europe conserve encore pour un temps des atouts réels : la dynamique du grand marché, un État de droit, des infrastructures performantes, un noyau dur d'entreprises performantes, des pôles d'excellence technologiques servis par de fortes capacités de recherche, une population éduquée et une épargne considérable, une histoire, un patrimoine, une culture et une qualité de vie remarquables. Mais ces points forts sont menacés par la faiblesse de ses institutions, par la chute de sa compétitivité, par l'obsolescence de ses schémas et l'archaïsme des mentalités.

Tout comme les États-Unis après le krach de l'économie de bulles ou le Japon face à la déflation et à la catastrophe de Fukushima, l'Europe doit se réinventer. Comme lors du Congrès de Vienne au début du XIXe siècle ou après la Seconde Guerre mondiale, avec la reconstruction et le plan Marshall, la mise en place des États-Providence et le lancement de la construction communautaire, cette refondation doit se déployer au double niveau des nations et du continent.

La plupart des nations européennes montrent aujourd'hui des signes de faiblesse inquiétants. Au-delà de l'obsolescence des modèles économiques fondées sur la dette – dette privée au Royaume-Uni et en Espagne, dette publique en France ou en Italie – et du caractère insoutenable des États-Providence, les signes d'une crise politique multiforme se multiplient : faiblesse des gouvernements et manque de leadership, y compris dans l'Allemagne d'Angela Merkel ; remise en question de l'identité nationale et séparatisme en Belgique, en Italie et en Espagne ; poussée des populismes ; révoltes des peuples au Sud contre la rigueur et au Nord contre la solidarité financière et l'aide aux pays en difficulté ; poussées populistes et extrémistes jusque dans les social-démocraties scandinaves. La première condition du renouveau réside dans la refondation des contrats politiques et des modèles économiques des nations en crise. Contrairement aux surenchères des démagogues, chacun doit avoir conscience que la priorité doit être donnée dans les pays déficitaires pendant au moins une décennie à l'investissement productif, au désendettement public et à la lutte contre le chômage, ce qui implique le gel, voire la diminution du pouvoir d'achat. Ces politiques de rigueur ne seront supportables que si des contreparties tangibles sont offertes en termes d'égalité des citoyens devant les efforts à consentir, de retour à une croissance soutenable assurant l'avenir des jeunes, de renouveau de la cohésion nationale, de renforcement des libertés publiques qui ont été mises à mal par les stratégies sécuritaires poursuivies depuis les attentats de 2001. Mais la stratégie d'ajustement des pays sous-compétitifs et surendettés ne peut réussir que si elle est articulée avec des stratégies expansionnistes et coopératives des nations excédentaires, Allemagne en tête, et si les gains de productivité ne sont pas réduits à néant par la surévaluation de la monnaie. La responsabilité des uns doit aller de pair avec la solidarité des autres.

Pour cette raison même, la réforme des modèles nationaux restera de peu d'effet si elle ne s'inscrit pas dans le cadre d'une relance de l'intégration européenne, qui commence par le sauvetage de l'euro. Dix ans après son introduction, le 1er janvier 2001, l'euro est confronté à une heure de vérité avec le choix entre le fédéralisme ou l'éclatement. La monnaie unique, telle qu'elle a été instituée, ne peut en effet exister sans un véritable fédéralisme économique qui se décline en gouvernement de la zone euro, en solidarité financière, en stricte responsabilité budgétaire, en harmonisation fiscale, en coordination étroite des instruments de la politique économique. D'où l'indispensable réforme de la BCE dont l'indépendance doit être encadrée par l'exercice de contrepouvoirs politiques, dont le mandat doit être élargi à la préservation de la croissance et de l'emploi, dont la stratégie doit cesser de privilégier la surévaluation de l'euro qui est incompatible avec le sauvetage des pays périphériques comme avec la réindustrialisation du continent. À défaut, l'éclatement de la zone euro est inéluctable, avec d'un côté une monnaie unique centrée autour de l'Allemagne – ce qui explique que l'euro continue à s'apprécier –, et des monnaies nationales dévaluées gravitant autour d'elle. L'euro survivrait comme monnaie, mais non comme zone économique et comme projet politique, infligeant un coup sans doute mortel à la construction européenne.

Le sauvetage de la monnaie unique doit être prolongé par la relance du grand marché, notamment dans le secteur des services, et la mise en place d'une régulation efficace et sûre. Du contrôle de la concurrence aux normes comptables et prudentielles, l'Europe a juxtaposé les autorités nationales et communautaires, tout en privilégiant des procédures formelles très pénalisantes pour la croissance et fort peu performantes en termes de stabilité. Le choix du basculement de la régulation au niveau européen doit s'accompagner d'une priorité en faveur de la production et de l'innovation. L'Europe doit coordonner ses stratégies et ses instruments de politique économique, en vérifiant leur soutenabilité. Elle doit favoriser la mobilité des hommes et l'intégration des sociétés, en renforçant ses réseaux et ses infrastructures. Elle doit définir et promouvoir dans les négociations mondiales des normes qui soient compatibles avec son modèle de capitalisme. Elle doit enfin garantir la sécurité de son territoire et de sa population tout en contribuant à stabiliser sa périphérie qui concentre nombre des risques du XXIe siècle, ce qui passe par un réinvestissement dans sa défense.

La relance de l'intégration européenne implique donc une révolution politique, aux antipodes de la renationalisation à marche forcée des politiques économiques et des opinions publiques. Il est temps pour les nations européennes, notamment pour la France et l'Allemagne, de faire la vérité sur ce qu'elles souhaitent faire, jusqu'où et avec qui. De ce point de vue, la décennie 2010 sera décisive. Soit l'Europe continue, dans la lignée des deux dernières décennies, à se battre pour réhabiliter les formes du XXe siècle et elle s'enfermera dans la décroissance, la paupérisation et l'instabilité politique. Soit elle se conçoit et s'organise pour devenir un pôle de décision, un site de production et un espace d'innovation majeurs, assumant tant la compétition que la coopération avec les États-continents qui feront l'histoire du XXIe siècle. L'Europe ne peut plus être le bouc émissaire de l'impuissance des gouvernements nationaux ; elle doit être repensée, assumée et ancrée dans la conscience des citoyens comme le responsable de la gestion des risques systémiques. En prenant pour boussole la maxime de Montesquieu, qui reste le meilleur des guides à l'âge de la mondialisation : « Si je savais quelque chose qui fût utile à ma patrie et préjudiciable à l'Europe et au genre humain, je le regarderais comme un crime. »

*

Raymond Aron soulignait à juste raison que : « Plus les hommes de races, de religions, de coutumes autres vivent dans le même monde, plus ils doivent se montrer capables de tolérance, de respect mutuel. Ils doivent reconnaître réciproquement leur humanité sans ambition de régner ni volonté de conquérir[5]. » Mais il mettait aussitôt en garde sur le fait que l'âge de l'histoire universelle ne sera pas spontanément pacifique, stable et prospère. Et ce d'autant moins qu'il voit proliférer les chocs et les risques, qui conduisent à des renversements aussi imprévisibles que rapides, à l'image des révolutions du monde arabo-musulman, des catastrophes japonaises ou de la crise de l'euro. Face aux bouleversements du monde, les régimes conservateurs que sont les démocraties sont confrontés à la double menace du déchaînement des passions collectives et du désengagement, tentations plus vives encore dans des nations en voie de vieillissement accéléré.

Pourtant, le déclin de l'Europe n'a rien de fatal, comme en témoignent sa reconstruction et sa résistance face à la pression du totalitarisme soviétique après la Seconde Guerre mondiale ou encore la remarquable modernisation de l'Allemagne pour répondre au double défi de la réunification et de la mondialisation. C'est parce qu'elle a tragiquement vécu l'affrontement des nations et des empires, de la démocratie et des totalitarismes que l'Europe peut apporter beaucoup à l'âge de l'histoire universelle, « en aidant les autres peuples à se guérir des maladies infantiles de la modernité[6] ». C'est parce qu'elle a réussi à apaiser les passions politiques et sociales sans les nier qu'elle peut contribuer à désarmer une partie des tensions du XXIe siècle, notamment en Asie. C'est parce qu'elle a expérimenté la violence des contradictions entre liberté politique et liberté économique qu'elle peut contribuer à réconcilier la démocratie et le capitalisme universel. À la condition de se soumettre à l'exercice de la raison critique qui lui a permis d'inventer la modernité. À la condition de rester fidèle à son destin et ses valeurs qui s'organisent autour de la liberté politique. Cette liberté dans laquelle Raymond Aron faisait un acte de foi en forme de pari pascalien qui s'est

5 Aron, R., « L'Aube de l'histoire universelle », cit., p. 253.

6 *Ibid.*, p. 255.

trouvé vérifié par la chute de l'Union soviétique : « Les régimes pour lesquels j'ai plaidé sont fragiles et turbulents ; mais tant qu'ils restent libres, ils conserveront des ressources insoupçonnées[7]. »

[7] Aron, R., *Mémoires. 50 ans de réflexion politique*, Paris, Julliard, 1983, p. 758.

La crise de la conscience européenne

L'Europe entre décadence et vitalité historique

Olivier DE LAPPARENT

> Le plus grand danger pour l'Europe est la lassitude. [...] La crise de l'existence européenne n'a que deux issues : soit la décadence de l'Europe devenant étrangère à son propre sens vital et rationnel [...] soit la renaissance de l'Europe à partir de l'esprit de la philosophie[1].

Introduire un article par une citation est un procédé fréquent. Celle-ci doit répondre à trois prérequis : être assez célèbre pour être reconnue par tous les lecteurs, être assez généraliste pour introduire le sujet et être assez courte pour capter l'attention. Je confesse volontiers le caractère accrocheur de la citation mais j'aimerais défendre le choix de cet extrait des dernières lignes de la conférence de Husserl prononcée en 1935 à Vienne sur *La crise de l'humanité européenne et la philosophie.*

Chez Husserl, l'Europe n'est pas comprise au sens géographique du terme mais comme entité spirituelle plus large comprenant les États-Unis et les Dominions anglais. Néanmoins, il dénonce bien l'incapacité de l'Europe à se penser elle-même. De nos jours, cette dénonciation perdure.

La *langueur* d'Élie Barnavi en 2008 fait écho à la *lassitude* de Husserl en 1935 : « Le mal de la langueur dont souffre le projet européen[2] » et quelques pages plus loin : « Le doute critique [...] une malédiction qui paralyse l'Europe[3] ». S'interroger sur l'état et l'avenir de l'Europe, c'est très souvent poser le problème en ces termes : l'Europe est-elle décadente ?

---

1 Husserl, E., *La crise de l'humanité européenne et la philosophie*, trad. fr., texte présenté par Nathalie Depraz, Paris, Hatier, « Profil », 1996, p. 78. Pour le philosophe, l'Europe spirituelle a pris naissance avec l'irruption de la philosophie dans la Grèce antique. Il dénonce la crise de la philosophie et entrevoit l'incapacité de l'Europe à se penser elle-même.

2 Barnavi, É., *L'Europe frigide*, Bruxelles, André Versaille éditeur, 2008, p.14.

3 *Ibid.*, p. 22.

Raymond Aron n'a cessé de questionner l'état et le devenir de l'Europe au XXe siècle[4]. D'après lui, nous allons le voir, il y a bien une crise de la conscience européenne. De quelle nature et comment la qualifier ? Est-elle synonyme de décadence, de déclin inévitable ? Peut-on y déceler un espoir de transcendance ?

Cet article va dérouler le fil de la pensée de Raymond Aron sur l'Europe et la crise de l'histoire, ou plutôt l'Europe et la crise de son histoire. L'Europe vacille de la décadence à la crise, de la crise au conflit et du conflit à la vitalité historique[5]. La vitalité historique est, chez Aron, la capacité à prendre en main son destin, à aller au-delà des richesses et des armes. Il écrit que : « Toute civilisation est animée par des croyances transrationnelles[6]. »

Ma problématique est donc l'oscillation entre ces états. L'Europe va-t-elle s'arrêter en chemin ou pourra-t-elle s'accomplir grâce à une vitalité historique ?

En premier lieu, il est nécessaire de s'interroger sur la légitimité d'une telle problématique. L'Europe n'est-elle pas tout simplement condamnée à la décadence ?

Ayant répondu à cette question préalable, nous étudierons les manifestations et les causes de la crise de la conscience européenne. Enfin, nous essayerons de dégager les raisons d'espérer en la vitalité historique de l'Europe.

L'Europe vouée la décadence ?

La conscience européenne est, pour l'Europe, conscience de soi, c'est-à-dire capacité à penser son histoire en tant qu'entité, en tant que civilisation ou institution, pour soi et face aux autres. Une crise de la conscience européenne peut être comprise comme une crise de l'Europe en tant qu'être vivant, une dégénérescence.

Dans son *Dictionnaire des idées reçues*, Flaubert écrit : « Époque (la nôtre). Tonner contre elle. Se plaindre de ce qu'elle n'est pas poétique. L'appeler époque de transition, de décadence. » J'emprunte cette citation à Michel Winock dans son article de la revue *L'Histoire*, intitulé avec ironie « L'éternel refrain de la décadence[7] ». L'historien entend

---

4 Je me permets de renvoyer à Lapparent, O. de, *Raymond Aron et l'Europe, Itinéraire d'un Européen dans le siècle*, Berne, Peter Lang, « Convergences », 2010.

5 « Vitalité historique de l'Europe ? » est le titre d'un chapitre du livre d'Aron, *Les guerres en chaîne*, Paris, Gallimard, 1951.

6 *Ibid.*, p. 425.

7 Winock, M., « L'éternel refrain de la décadence », in *L'Histoire*, n° 76, 1985, p. 97.

démontrer que la notion de décadence est toujours subjective et fantasmatique.

Michel Winock ou même Flaubert ne suffisent pas à balayer la notion de décadence pour notre sujet.

Pour évoquer ce concept, le matériau ne manque pas. Que ce soit dans *Les guerres en chaîne, Paix et guerre entre les nations* ou *Plaidoyer pour l'Europe décadente*, Aron a souvent évoqué le devenir de l'Europe. Relevons également sur le sujet, le colloque *Raymond Aron et la démocratie au XXI*ᵉ *siècle*[8] tenu à Paris les 11 et 12 mars 2005. Une des tables rondes s'intitulait justement « Europe décadente ? Europe renaissante ? » avec une communication de Philippe Raynaud sur « Europe décadente, Europe renaissance : Raymond Aron éducateur ».

J'aimerais, à l'occasion de cette journée d'études, mettre en valeur deux sources peu citées dans les travaux sur Aron. Il s'agit des actes d'une semaine de rencontres, à Cerisy, du 12 au 19 juillet 1958, autour de l'œuvre d'Arnold Toynbee, sous la direction d'Aron[9] et, dans une moindre mesure, des actes des colloques de Rheinfelden en 1960.

Ces sources vont permettre de répondre à une première question : l'Europe peut-elle être comprise comme une entité à part entière ?

Lors de sa communication du 12 juillet 1958, « Unité et pluralité des civilisations[10] », Aron s'interroge sur l'existence même des civilisations. La civilisation est-elle un ensemble cohérent ou n'est-ce qu'une construction de l'historien ? En guise de réponse, il introduit un indicateur de degré :

> S'il est possible de considérer les civilisations, tantôt comme ce qu'il y a de plus réel dans l'histoire, tantôt comme la chimère de l'historien, c'est que la réalité de ces ensembles historiques, telle que je l'ai définie, est nécessairement une question de degré[11].

Sur la civilisation en tant que concept, Aron détermine trois indicateurs : l'originalité, la cohérence et le devenir. Comment en prendre la mesure ?

Lors des colloques de Rheinfelden en 1960, Aron indique :

> Je ne pense pas du tout que l'Occident soit une unité homogène et absolue, pas plus que l'Orient ou le Monde soviétique. Mais, d'un autre côté, c'est un

8 *Raymond Aron et la démocratie au XXI*ᵉ *siècle*, actes du colloque international, Paris, 11-12 mars 2005, Paris, Fallois, 2007.

9 *L'histoire et ses interprétations*, entretiens autour d'Arnold Toynbee sous la direction de Raymond Aron au Centre culturel international de Cerisy-la-salle, 10-19 juillet 1958, Paris, Mouton & Co, 1961.

10 *L'histoire et ses interprétations*, cit., séance du samedi 12 juillet 1958, p. 37-46.

11 *Ibid.*, p. 42.

> fait que le mode d'organisation du travail, que la rationalisation par la science, que toute l'humanité veut adopter, a eu son origine dans des sociétés particulières que l'on peut appeler en gros européennes ou occidentales[12].

Au cours du colloque de Cerisy[13], il affirmait la même chose : la spécificité de la civilisation occidentale est l'organisation du travail. Il ne nie pas l'importance de la conjonction de la pensée grecque, de la foi chrétienne et du pouvoir romain comme origine de cette civilisation. Mais, aujourd'hui, selon lui, ces traits communs semblent être d'une portée moindre que les spécificités de la science, de la technique et des libertés[14].

La seconde question pour légitimer l'articulation du titre de mon exposé est : » L'Europe est-elle vouée à la décadence ? »

À Cerisy en 1958, la conception de la civilisation chez Oswald Spengler[15] est largement débattue. Pour l'auteur allemand, toute société a deux phases de vie : la culture (créatrice et ascendante) et la civilisation (décadente et descendante). Toute société est décadente à partir du moment où elle devient urbaine, rationaliste et riche.

Sur un autre point, Arnold Toynbee se démarque de Spengler : « En ce qui concerne Spengler, je ne puis accepter, ni son déterminisme, ni la complète séparation qu'il établit entre les diverses civilisations, son refus d'admettre aucune communication entre elles[16]. » Il refuse également d'associer une société à un être vivant, comme le propose Spengler, avec un temps donné de vie et une mort certaine. La position d'Aron dans sa critique sur Spengler se rapproche ici des arguments de Toynbee.

Quels sont les phénomènes humains qui permettent d'échapper au caractère inévitable de la décadence ? Lors de la séance du mardi 15 juillet intitulée « Croissance et décadence des civilisations », Aron en entrevoit trois : la science positive qui affirme que, loin d'entrer en dégénérescence, tout se transforme et tout se transmet de génération en génération, le progrès technique qui ne cesse de donner à l'homme les

[12] Aron, R., Kennan, G., Oppenheimer, R. (dir.), *Colloques de Rheinfelden*, Paris, Calmann-Lévy, « Liberté de l'esprit », 1960, p. 94.

[13] *L'histoire et ses interprétations*, cit., intervention de Raymond Aron, p. 176.

[14] Cf. également, à ce sujet, BNF, Fonds Raymond Aron, NAF 28060, « Cours pour l'ENA », Perspectives sur l'avenir de l'Europe, 26 et 27 novembre 1946, source citée par Joël Mouric dans sa thèse, *Raymond Aron et l'Europe, 1926-1983*, doctorat soutenu en 2010, Université de Bretagne occidentale, sous la direction de Fabrice Bouthillon.

[15] Cf. son ouvrage majeur publié en 1922, *Le déclin de l'Occident.*

[16] *L'histoire et ses interprétations*, cit., intervention d'Arnold Toynbee, p. 18.

armes pour dominer la nature, enfin le caractère transcendantal de l'histoire de l'humanité, c'est-à-dire, pour Aron, « une transfiguration de l'homme, ou encore que l'homme opère par son travail son propre salut[17] ».

Aron continue de réfléchir à la notion de décadence dans sa communication du vendredi 18 juillet ouvrant la séance sur « les perspectives d'avenir de la civilisation occidentale[18] ». Il distingue trois conceptions de la décadence par trois auteurs : Montesquieu, Ernest Renan et Spengler.

Montesquieu affirme qu'il y a décadence à partir du moment où sont concomitants : la désintégration des unités politiques, la décomposition des mœurs, l'appauvrissement des peuples et la dépopulation. Il prend pour témoin l'exemple de Rome.

Selon Renan, la France est en décadence par la diminution de sa puissance en Europe. De même, l'Empire romain entre en décadence par rapport à la République car les valeurs de liberté et de république disparaissent.

Enfin, chez Spengler, les indicateurs de décadence sont l'urbanisation et la problématique de l'agrégation de la population dissoute dans un corps social indistinct, sans forme et sans valeur.

Ces trois définitions ne correspondent pas à la situation présente selon Aron.

L'Occident est peuplé, il produit de plus en plus et n'a jamais été aussi riche. Si, pour Renan et Spengler, l'urbanisation des cités antiques s'accompagnait également de désordre public et de dépérissement de l'agriculture, il n'en est rien au XXe siècle où l'urbanisation est intégrée dans un phénomène apparemment mieux contrôlé, celui de l'industrialisation croissante et raisonnée.

Que dire enfin de la diminution de la puissance comme signe de décadence ? D'après Aron, à moins d'une guerre atomique détruisant les deux superpuissances, la Chine ne peut pas encore prétendre à l'hégémonie face au monde occidental. Qu'en est-il si nous réduisons notre prisme au continent européen ? Aron indique : « la seule "décadence" manifeste est celle des "petits" peuples de la péninsule européenne, ceux qui ont tant compté aux derniers siècles et qui aujourd'hui,

---

17 *Ibid.*, p. 113. Aron se rapproche d'une position de Paul Ricœur évoquée un peu plus tard dans le colloque : « S'il y avait réellement décadence, l'histoire deviendrait impossible, car l'historicité serait toujours de l'ordre de l'aboli. L'histoire n'est possible que parce qu'il y a toujours renaissance et que l'historien est lui-même un moment de cette renaissance. » (p. 175).

18 *Ibid.*, communication de Raymond Aron du vendredi 18 juillet 1958 ouvrant la séance sur « Les perspectives d'avenir de la civilisation occidentale », p. 152-161.

même en s'unissant, ne font plus tout à fait le poids dans le nouvel univers. » Il pondère son argument en signalant que cet affaiblissement est un phénomène mineur au regard de la puissance occidentale dans son ensemble. Pour Aron, il s'agit bien plus de déclin (militaire et politique) que de décadence dans le sens de dégénérescence. Il relativise lui-même ce qualificatif quand il écrit : « Dès qu'une société devenait technicienne et scientifique, Spengler la jugeait décadente, car personnellement ce genre de société lui faisait horreur, et fort souvent, quand on parle de décadence, on exprime seulement une antipathie subjective[19]. »

L'Europe peut être comprise comme entité à part entière et n'est pas condamnée à la décadence. Cette notion est un jugement de valeur par essence subjectif. Néanmoins, si l'Europe n'est pas vouée à la décadence, les signes et manifestations d'une crise de conscience sont nombreux.

De la crise au conflit, du conflit à la vitalité historique

Le refus d'affronter le réel

Je ne reviendrai pas sur toutes les critiques adressées par Aron à l'Europe communautaire. Je me contenterai de mettre l'accent sur certaines et notamment sur les manifestations de l'Europe à refuser d'affronter le réel : l'illusion de la neutralité, le défaitisme, le danger de la détente et l'erreur du pacifisme.

Dans les années d'après-guerre, il critique la tentation de la neutralité européenne, « ce désir d'évasion qui caractérise, à l'heure actuelle, une large fraction de l'intelligentsia occidentale[20] ». Le refus de l'Alliance atlantique, à l'heure où l'URSS est menaçante, serait un « candide optimisme[21] ».

Pour les pays européens, afficher la volonté de construire ensemble, c'est admettre aux yeux du monde qu'ils sont trop petits pour devenir « Grand » tout seul. C'est devoir choisir son camp entre les deux Grands. Est-ce un renoncement impossible ou une lucidité audacieuse ?

> L'Europe est balkanisée. Ayant cessée d'être maîtresse de son destin, elle doit choisir son camp. Ce choix ne va pas sans déchirements. Des puissances ex-grandes se résignent malaisément à une sujétion humiliante d'où les rêveries sur la neutralité européenne[22].

---

19 *Ibid.*, intervention de Raymond Aron, p. 113.

20 Aron, R., « Le pacte atlantique », in *Liberté de l'esprit*, avril 1949.

21 Aron, R., « L'illusion de la neutralité », in *Le Figaro*, 17 février 1950.

22 Aron, R., *Les guerres en chaîne*, cit., p. 394.

Près de trente ans après ce constat dressé en 1951, Aron dénonce en 1977 le défaitisme permanent de l'Europe : « Plus que du million de soldats soviétiques, en Europe de l'Est [...], les Européens, dans le court terme, risquent d'être victime d'eux-mêmes[23]. » Cette peur de ne pas être à la hauteur face au défi soviétique, Aron la relevait déjà dans *L'opium des intellectuels* : « Une des faiblesses de l'Occident est d'accorder quelques crédits à la prédiction de l'avènement inévitable du socialisme et de laisser à l'ennemi la conviction d'une complicité avec le destin[24]. »

Dans les années 1970, une des manifestations de la crise européenne est, selon lui, le danger de la détente :

> Mais, en dernière analyse, des Européens s'interrogent sur l'efficacité de la protection américaine et, du même coup, rêvent d'un protectorat soviétique qui leur assurerait la paix sans les priver de la liberté. Puissance de l'illusion[25] !

Enfin, le pacifisme du début des années 1980 génère hésitation et immobilisme. Ce pacifisme ne permet pas de négocier avec Moscou en position de force. Refuser les euromissiles alors que les SS20 sont en place, c'est se tromper de combat[26].

Primat du politique

Aron n'adhère pas à une Europe uniquement économique, sans projet politique : « Il faut parler d'autres choses que du dollar, des agrumes et des céréales[27]. » Toute l'expression de la crise de la conscience européenne tient en cette formule. C'est l'essence de son raisonnement contre l'Europe communautaire.

Rappelons brièvement l'importance du primat du politique chez Aron. Dans un article intitulé « Thucydide et le récit des événements », il évoque la dualité anglo-saxonne de *policy* et de *politics*. *Policy* est le plan d'action de toute entreprise pour développer son domaine d'activité. *Politics* désigne au sens large « dans tous les domaines de l'existence sociale, les plans d'actions, conçus par des hommes en vue d'organiser ou de commander d'autres hommes ». La politique est l'art d'organiser la vie en communauté. Elle est la tension, le dialogue conflictuel (au sens dialectique du terme) entre les citoyens.

---

23 Aron, R., *Plaidoyer pour l'Europe décadente*, Paris, Laffont, 1977, p. 749.

24 Aron, R., *L'opium des intellectuels*, Paris, Calmann-Lévy, 1955, p. 193.

25 Aron, R., « Puissance de l'illusion », in *L'Express*, 27 novembre-3 décembre 1981.

26 Aron, R., « Imposture du pacifisme », in *L'Express*, 24-30 juin 1983.

27 Aron, R., « L'année de l'Europe », in *Le Figaro*, 1er juin 1973.

L'économie est influente mais c'est de la rivalité de puissance entre États, donc de la politique, que sont nées les grandes décisions de ce siècle. Il écrit : « La politique n'est jamais réductible à l'économie bien que la lutte pour la possession du pouvoir souverain soit, de multiples manières, liée au mode de production ou à la répartition de la richesse[28]. » L'ordre politique est « irréductible[29] » et « garde une autonomie qui justifie l'histoire politique et que nous rappelle l'œuvre de Thucydide[30] ».

L'absence de politique est synonyme d'absence de sens. D'après Aron, le grand défi de la civilisation occidentale, au-delà du conflit entre les deux grands, de l'urbanisation, de la problématique de l'efficacité de la démocratie, est la question du ciment spirituel[31]. Ce ciment peut assurer le minimum d'unité à toute société industrielle.

Absence de sens

Sur ce dernier point, il lui semble qu'il ne peut pas avoir d'intégration sociale au sein d'une même société sans une croyance, philosophique ou religieuse. Au niveau européen, nous pouvons affirmer avec lui que les agrumes et les céréales ne contribuent pas à la transcendance nécessaire à toute adéquation entre individu et projet commun de société. Il s'agit de se projeter vers l'avenir comme le souligne Aron : « La civilisation de jouissance se condamne elle-même à la mort lorsqu'elle se désintéresse de l'avenir[32]. »

Une conscience sans identité

Est-il possible de se forger un avenir commun sans une identité commune ? La critique d'Aron sur l'identité européenne a été largement mise en valeur[33]. Notons juste que l'identité européenne préexistante à la construction est un mythe selon Aron. Il refuse de dépasser le cadre de

---

28 Aron, R., « Thucydide et le récit des événements », in *History and Theory*, vol. 1, n° 2, 1961, p. 126.

29 *Ibid.*

30 *Ibid.*

31 Cf., à ce sujet, *L'histoire et ses interprétations*, cit., communication de Raymond Aron sur « Les perspectives d'avenir de la civilisation occidentale », vendredi 18 juillet 1958, notamment p. 154.

32 Aron, R., *Plaidoyer pour l'Europe décadente*, cit., p. 457. C'est la dernière phrase du chapitre « Crise et civilisation ».

33 Cf., à ce sujet, Raynaud, P., « Raymond Aron et l'idée européenne », in *Cités*, n° 24, 2005, p. 149-151. Cf. également Lapparent, O. de, « L'identité européenne selon Raymond Aron : entre mythe et réalité », in *Relations internationales*, n° 140, « La Communauté et l'Union européenne à la recherche d'une identité depuis 1957 » (t. 2), 2009.

l'État-Nation et affirme : « L'idée européenne est vide [...]. Elle est une création d'intellectuels, ce qui en révèle à la fois l'opportunité, au regard de la raison et la faible résonance dans les cœurs[34]. »

La crise et la nature du régime démocratique

Dans *Les guerres en chaîne*, Aron évoque les inconvénients inhérents à la démocratie : l'accession aux postes dépendant des faveurs populaires, le souci du grand nombre, la démagogie, le glissement d'un État voulant gérer toute la vie économique. Il dévoile les causes de la crise européenne : « faiblesse des régimes parlementaires, conservatisme des socialismes démocratiques [...] exigence historique d'une unité plus large et résistance des intérêts et des traditions liées aux États nationaux[35] ». Dans ses *Mémoires*, il revient sur la capacité d'action des régimes démocratiques :

> [...] la conscience que ces mêmes régimes [régimes démocratico-libéraux] peuvent susciter une sorte de guerre civile permanente, les citoyens y devenir de purs consommateurs, les groupes de pression s'y multiplier et paralyser l'État. Sans adopter l'interprétation spenglérienne selon laquelle la civilisation urbaine, utilitaire, démocratique marque en tant que telle une phase de décadence des cultures, il est légitime de se demander, à la suite de Pareto et de beaucoup d'autres, si l'épanouissement des libertés, le pluralisme des convictions, l'hédonisme individualiste ne mettent pas en péril la cohérence des sociétés et leur capacité d'action[36].

Faiblesse du régime et risque de désunion du corps social sont les deux facettes des dangers constitutifs du régime démocratique. De l'angoisse à l'impuissance, le pas est vite franchi. Selon Aron, « l'angoisse dissout la volonté d'action et multiplie le danger[37] ».

Du bon usage de la crise

Face à cette crise, que faut-il penser ? Dans *Plaidoyer pour l'Europe décadente*, il affirme que l'Europe n'est pas décadente, ou tout au moins, qu'elle a toutes les armes (et notamment à l'époque, une supériorité économique sur l'empire soviétique) pour ne pas l'être. Contre la menace soviétique, contre le sentiment de défaitisme, il affirme avec conviction : « Encore une fois, de quoi avoir peur[38] ? »

Dans le même ouvrage, Aron opère un retournement significatif de l'interprétation à donner aux crises qui secouent la France (ou tout autre

---

34 Aron, R., *Les guerres en chaîne*, cit., p. 415.

35 *Ibid.*, p. 425.

36 Aron, R., *Mémoires. 50 ans de réflexion politique*, Paris, Julliard, 1983, p. 680.

37 Aron, R., *Les guerres en chaîne*, cit., p. 395.

38 Aron, R., *Plaidoyer pour l'Europe décadente*, cit., p. 429.

pays européen). Si, à première vue, la crise (ici Mai 68) peut être considérée comme un aveu de faiblesse, c'est aussi la preuve de sa vitalité. Il indique par ailleurs : « Quant à l'autocritique où d'aucuns voient le signe d'une crise, rien ne prouve qu'elle ne témoigne pas de la vitalité plutôt que du déclin[39]. » Il tenait déjà ce raisonnement vingt ans auparavant : « Je n'oserais dire que le bonheur des citoyens se mesure à l'intensité des troubles politiques ressentis par la cité, mais la qualité d'un régime politique ne se mesure pas non plus à la paix apparente[40]. » Claude Lefort, en 2009, évoque la même notion : « Or la démocratie se caractérise essentiellement par la fécondité du conflit[41]. »

Le déclin n'est pas certain. Rien n'est écrit, tout reste à faire. Aron pratique comme il le dit lui-même « une foi sans illusions[42] » : « Le prophétisme de catastrophe témoigne de moins de lucidité que de résignation. Le XXe siècle n'est pas le premier des guerres et l'aventure humaine n'est pas achevée[43]. »

Les conditions de la vitalité historique

L'Europe a un avenir au sein du monde, elle peut avoir du sens :

> L'Europe a deux raisons de se refuser à une conscience de décadence : [...] elle peut être grande en se conformant à l'esprit des temps nouveaux, en aidant les autres peuples à se guérir des maladies infantiles de la modernité. Accomplir ses idées à l'intérieur, avoir une tâche à réaliser au dehors : pourquoi l'Europe remâcherait-elle une amertume que le récent passé explique mais que les perspectives de l'avenir de justifient pas[44] ?

Raymond Aron appelle à la transcendance, c'est-à-dire un transfert ou une transposition de problèmes nationaux sur un autre plan pour mieux les régler : « L'horizon semble, de tous les côtés, bouché. [...] L'unité ne serait-elle pas un moyen de surmonter ces conflits en les transférant sur un plan supérieur[45] ? »

Supposé sceptique face à l'idée européenne, il ne cesse pourtant d'appeler l'Europe à s'unir et à penser son histoire. Relevons trois

---

39 *Ibid.*, p. 455.

40 Aron, R., *Démocratie et totalitarisme*, Paris, Gallimard, « Idées », 1965, rééd., Paris, Gallimard, « Folio Essais », 1992. p. 150.

41 Claude Lefort, entretien dans *Philosophie magazine*, mai 2009, n° 29.

42 Aron, R., *Les guerres en chaîne*, cit., p. 486. C'est le titre d'un chapitre de sa conclusion.

43 *Ibid.*, p. 494.

44 Aron, R., « L'aube de l'histoire universelle », conférence donnée à Londres, 1960, sous l'égide la Société des amis de l'Université hébraïque de Jérusalem, in Aron, R., *Dimensions de la conscience historique*, Paris, Plon, 1961, p. 254.

45 Aron, R., *Les guerres en chaîne*, cit., p. 399.

citations importantes pour mettre en valeur son appel constant à une vitalité historique.

En 1951, il demande : » Les Européens sont-ils encore capables de pratiquer l'art subtil qu'exigent les communautés libérales ? Ont-ils gardé la foi en leur propre univers de valeurs[46] ? » En 1959, il décrit l'unité européenne comme « une création continue qui [...] exige le renouvellement, à chaque instant, de l'acte de volonté créatrice[47] ». Enfin, dans la partie « L'Europe victime d'elle-même » de *Plaidoyer pour l'Europe décadente*, il rappelle que « l'homme ne trouve de satisfaction qu'en se dépassant lui-même, en visant au-delà de son existence éphémère, en allant à la rencontre des autres[48] ».

Pour ne plus être victime d'elle-même, l'Europe doit être consciente de ses réussites et croire en l'avenir :

> Grâce aux « miracles » de l'après-guerre, l'Europe occidentale a relevé ses ruines, forgé son unité morale, sinon politique, mis au défi l'Union soviétique d'ouvrir ses frontières aux hommes et aux idées des nations « décadentes », retrouvé une perspective d'avenir. [...] un peuple s'affirme en surmontant les épreuves que lui réservent ses échecs aussi bien que ses succès, il progresse de crise en crise[49].

Rien n'est plus fécond que le doute, que la perpétuelle insatisfaction de l'homme par rapport à sa situation, mais à un détail près : que ce doute soit provisoire et constructif et non générateur d'impuissance ou de fatalisme.

L'Europe doit penser tragiquement son histoire pour avoir un sens, c'est-à-dire accepter le réel, affronter ses inquiétudes et proposer un avenir. Selon Aron, une communauté d'hommes peut refuser le déterminisme historique et le relativisme à outrance : ni évidence, ni résignation ou historisme.

Il faut agir comme le propose Max Weber : « C'est chez Max Weber que j'ai trouvé ce que je cherchais : un homme qui avait à la fois l'expérience de l'histoire, la compréhension de la politique, la volonté de la vérité, et au point d'arrivée, la décision et l'action[50]. »

---

46 *Ibid.*, p. 425. Ce sont les dernières lignes du chapitre « Vitalité historique de l'Europe ? ».

47 Aron, R., « La crise de la CECA et l'Europe des patries », in *Le Figaro*, 3 juillet 1959.

48 Aron, R., *Plaidoyer pour l'Europe décadente*, cit., p. 457.

49 *Ibid.*, p. 454.

50 Aron, R., *Le spectateur engagé*, entretiens avec Jean-Louis Missika et Dominique Wolton, Paris, Julliard, 1981, rééd. Paris, Presses Pocket, 1983, p. 38.

Aron a toujours sommé l'Europe à se ressaisir. Preuves en sont les titres de chapitre consacrés à l'Europe et notamment : « Vitalité historique de l'Europe ? », « l'Europe est-elle capable de s'unir ? » dans *Les guerres en chaîne*, « L'Europe victime d'elle-même », « Crise de civilisation », « Crise et création » dans *Plaidoyer pour l'Europe décadente.*

Interroger la vitalité historique de l'Europe, c'est également interroger les vertus civiques des citoyens européens. Dans les années 1970, Aron dénonce la lente transformation du citoyen en consommateur : « S'il ne reste plus rien du devoir du citoyen, si les Européens n'ont plus le sentiment qu'il faut être capable de se battre pour conserver ses chances de plaisir et de bonheur, alors en effet, nous sommes à la fois brillants et décadents[51]. » Les gouvernants et gouvernés doivent retrouver une sorte de « vertu », celle annoncée dès 1951 pour obtenir la victoire contre l'empire soviétique : « Il s'agit des rudes mérites qui s'imposent aux époques de catastrophe : discipline et dévouement des peuples ; clairvoyance et résolution des gouvernants. Cette sorte de vertu, les Européens la possèdent-ils encore[52] ? »

Lutter contre le déclin et la crise, transformer la crise en conflit et le conflit en choix, décision et action : pour quel objectif final ? Aron en appelle à la *réalisation à travers l'histoire* :

> Comment l'Occident se justifierait-il lui-même, à ses propres yeux et aux yeux des non-Occidentaux, s'il se réduisait à la science qui permet la manipulation des forces naturelles et des êtres sociaux, s'il ignorait, au-delà des sciences et des techniques, la recherche de la Raison, nature essentielle de l'homme, et (ou) réalisation à travers l'histoire[53].

C'est bel et bien à un questionnement existentiel, la quête de sens, que nous convie Aron tout au long de ses travaux.

Conclusion

Ma communication dans le cadre de cette journée d'études s'est intitulée « La crise de la conscience européenne : L'Europe entre décadence et vitalité historique ». En fin de compte, je n'ai fait qu'étudier le questionnement d'Aron qui l'a guidé toute sa vie : comment penser l'histoire ?

---

51 *Ibid.*, p. 287.

52 Aron, R., *Les guerres en chaîne*, cit., p. 417.

53 Aron, R., Kennan, G. F., Oppenheimer, R., *Colloques de Rheinfelden*, cit., « La société industrielle et les dialogues politiques de l'Occident » par Raymond Aron, p. 38. Ce sont les dernières lignes.

Quels sont les *scénarii* d'Aron ? Ils sont bien connus : ou l'homme n'accepte pas le tragique de l'histoire et vit dans l'utopie et l'idéologie ou il accepte de prendre en main son destin.

L'œuvre d'Aron est bien plus philosophique qu'il n'y paraît : comment vivre au mieux une vie tragique ponctuée de décisions humaines et où tout déterminisme historique est au mieux une erreur et au pire un mensonge idéologique ? Georges Canguilhem a déjà évoqué l'importance de cette problématique dans la conclusion de son hommage à Aron prononcé à l'École normale supérieure en 1989[54] :

> L'existence humaine est dialectique, c'est-à-dire dramatique, puisqu'elle agit dans un monde incohérent, s'engage en dépit de la durée, recherche une vérité qui fuit, sans autre assurance qu'une science fragmentaire et une réflexion formelle.

Les éléments de réponse sont à retrouver dans ses actions et ses écrits. Dans ses œuvres, dans les conclusions de ses éditoriaux du *Figaro*, dans ses cours ou interventions, Aron préconise une praxéologie (c'est-à-dire des principes d'actions) : accepter le tragique, préférer la responsabilité à la conviction, se confronter au réel et refuser les illusions de l'utopie, combattre l'idéocratie, chercher plus que proférer, et agir tout simplement.

Aron a écrit en conclusion d'une communication de 1939 : « Les Français sont des héritiers, mais, pour sauver un héritage, il faut être capable de le conquérir à nouveau[55]. » Substituons *Français* par *Européens*. Plus de soixante-dix ans après, cet appel conserve toute sa pertinence.

---

[54] Canguilhem, G., « Raymond Aron et la philosophie critique de l'histoire », in *Enquête*, Max Weber, 1992.

[55] Aron, R., communication présentée devant la Société française de Philosophie, le 17 juin 1939, publiée dans le *Bulletin de la Société française de Philosophie*, 40e année, n° 2, avril-mai 1946. Cet article est publié dans Aron, R., *Penser la liberté, penser la démocratie*, Paris, Gallimard, « Quarto », 2005, p. 71.

Raymond Aron et la défense de l'Europe

Questions militaires et politiques

Matthias OPPERMANN

La crise de Suez a changé le monde. Ou, pour être plus exact : elle a dévoilé, pour tous ceux qui voulaient le voir, que les règles diplomatiques de l'âge thermonucléaire avaient suspendu chaque forme de souveraineté traditionnelle. Les anciennes puissances coloniales n'avaient plus de possibilité de gérer leurs affaires à leur gré[1]. On pourrait objecter que, dès 1945, le monde était caractérisé par l'opposition de deux puissances mondiales qui déclassaient toutes les nations européennes, deux États périphériques avancés au centre de la politique mondiale. Mais, cette objection n'aurait qu'une portée limitée car il faut faire la différence entre la conjoncture internationale et la vision propre des acteurs politiques.

Entre la fin de la Deuxième Guerre mondiale et l'aventure franco-britannique de Suez de 1956, beaucoup d'hommes d'État britanniques et français cultivaient l'illusion que l'antagonisme des deux puissances nucléaires ne touchait que le Vieux Continent et non les régions du monde traditionnellement dominées par les puissances impériales européennes. Winston Churchill n'en était pas moins convaincu que son successeur Anthony Eden et beaucoup d'hommes politiques français[2]. Même un commentateur de la politique mondiale aussi lucide que Raymond Aron ne comprit pas tout de suite que, dans le système plané-

---

1 Cf. Ferguson, N., *Empire. How Britain Made the Modern World*, Londres, Penguin, 2004, p. 354-356 ; Soutou, G.-H., *La Guerre froide 1943-1990*, postface inédite, Paris, Pluriel, 2010, p. 481-482.

2 Cf. Ferguson, *Empire*, cit., p. 352-354 ; Girault, R., « Les décideurs français et leur perception de la puissance française en 1948 », in Frank, R., et Girault, R. (dir.), *La puissance française en question ! 1945-1949*, Paris, Publications de la Sorbonne, 1988, p. 11-30. Par contre, déjà en 1947, au moins Georges Bidault reconnut que la France était un pays vaincu et que la restauration de son ancienne puissance était presque impossible. Cf. Hitchcock, W. I., *France Restored. Cold War Diplomacy and the Quest for Leadership in Europe, 1944-1954*, préface de John Lewis Gaddis, Chapel Hill, NC, The University of North Carolina Press, 1998, p. 72.

taire, les nations européennes n'avaient aucune indépendance politique digne de ce nom. Et, il faut le dire : il n'était pas facile de le voir.

Même si l'Empire britannique avait déjà été en déclin depuis la fin de la Première Guerre mondiale, même si cet Empire, à la fin de la Deuxième Guerre mondiale, avait été, sur le plan économique et financier, dans l'état plutôt d'un pays vaincu que d'un pays vainqueur, cet empire, au milieu des années 1950, était plus ou moins intact. Et on avait le droit de croire que les Britanniques gardaient au moins la puissance de liquider leur empire colonial à leur façon.

Après la crise de Suez, tout était différent et cette révélation changea profondément la vision aronienne du rôle de l'Europe dans le monde et, en outre, des possibilités de défendre l'Europe militairement. Dans une première partie, nous nous efforcerons de montrer la vision aronienne du rôle de l'Europe, ou, plutôt, des nations européennes dans la politique internationale après la Deuxième Guerre mondiale. Quelle était la tâche historique de l'Europe et pourquoi fallait-il défendre l'Europe contre l'Union soviétique ? Dans une deuxième partie, nous retracerons quelle défense Aron imaginait pour l'Europe et essayerons de donner une réponse à une question très souvent posée : celle de savoir si Raymond Aron était un atlantiste inconditionnel. Enfin, nous essaierons, en conclusion, de prolonger les réflexions aroniennes en vue de la politique internationale de notre temps.

Pourquoi défendre l'Europe ?

Pourquoi fallait-il, selon les vues de Raymond Aron, défendre l'Europe occidentale après la Deuxième Guerre mondiale ? Cette question pourrait surprendre parce que, si l'on envisage tous les faits et l'opinion dominante des historiens, il est clair qu'il fallait défendre les pays de l'Europe de l'Ouest contre une Union soviétique expansionniste[3]. Mais, à l'époque, cette vue était loin d'être partagée par tous. Même aujourd'hui, des historiens de la Guerre froide s'entêtent dans la conviction que l'Union soviétique n'était pas agressive et que la Guerre froide a été déclenchée, si l'on peut parler d'un déclenchement, par l'attitude hostile des États-Unis envers ce paradis des ouvriers qui n'aurait été rien d'autre qu'une autre forme de la démocratie[4].

---

3 Cf. Gaddis, J. L., *We Now Know. Rethinking Cold War History*, Oxford et New York, Oxford University Press, 1998, p. 24-25.

4 Une vue d'ensemble de cette thèse des historiens « révisionnistes » de la Guerre froide se trouve dans Loth, W., *Die Teilung der Welt. Geschichte des Kalten Krieges 1941-1955*, nouvelle édition augmentée, Munich, DTV, 2000, p. 17-22. Loth lui-même prétend chercher une voie entre les interprétations des origines de la Guerre froide, mais il ne présente rien d'autre qu'une variante modérée de la thèse révisionniste.

Cette opinion, dans les années 1950, était répandue en Europe occidentale, et même aux États-Unis. Il y avait trois groupes qui défendaient cette thèse avec des arguments différents. Premièrement, il y avait les communistes convaincus, presque inexistants en Allemagne de l'Ouest ou en Angleterre mais très nombreux en France et en Italie. Ensuite, il y avait des neutralistes, qui étaient divisés en au moins deux groupes différents : premièrement, le groupe des compagnons de route de l'Union soviétique, qui n'étaient pas communistes eux-mêmes mais gardaient des sympathies pour le projet soviétique ; deuxièmement, les neutralistes, socialistes ou conservateurs, qui n'avaient aucune sympathie pour l'Union soviétique, mais pensaient que l'influence culturelle et politique des États-Unis était au moins aussi néfaste que le potentiel militaire soviétique et qu'il y avait la possibilité d'une sorte de troisième voie entre les blocs. Ce dernier groupe comportait, dans les années 1950, par exemple, les sociaux-démocrates allemands et la majorité des gaullistes en France[5].

Raymond Aron se distinguait principalement par sa perception de l'Union soviétique. Très tôt après la guerre, il a compris que « l'âge des tyrannies », dont avait parlé Élie Halévy[6], n'était pas terminé, mais que la menace totalitaire venait maintenant de l'Union soviétique. Et la compréhension de cette menace orientait toutes ses analyses de politique étrangère. Il est vrai toutefois qu'en 1944 et 1945, il parlait toujours, dans ses articles de *La France libre*, d'une alliance nécessaire entre la France et l'Union soviétique contre l'Allemagne[7]. C'était aussi la politique du général de Gaulle avec l'alliance de revers entre la France et l'Union soviétique de 1944[8]. Ainsi Aron ne fit-il rien d'autre que soutenir la politique du représentant officiel de la France.

---

5 Cf. *ibid.*, p. 262-263 ; Cornick, M., « French Intellectuals, Neutralism, and the Search for Peace in the Cold War », in Chafer, T., et Jenkins, B. (eds.), *France from the Cold War to the New World Order*, Basingstoke, Macmillan, 1996, p. 39-52 ; Winock, M., « Au temps de la Guerre froide. Raymond Aron et le schisme idéologique », in *Commentaire*, n° 14, 1991, p. 744-745 ; Gallus, A., *Die Neutralisten. Verfechter eines vereinten Deutschland zwischen Ost und West 1945–1990*, Düsseldorf, Droste, 2001.

6 Halévy, É., *L'Ère des tyrannies. Études sur le socialisme et la guerre* [1re édition 1938], préface de Célestin Bouglé, postface de Raymond Aron, Paris, Gallimard, 1990.

7 Cf. Aron, R., « L'âge des empires » [1945], in Aron, R., *Chroniques de guerre*. La France libre *1940-1945*, préface de Jean-Marie Soutou, édition revue et annotée par Christian Bachelier, Paris, Gallimard, 1990, p. 984 ; Aron, R., « Nouvelle Entente », in *La France libre*, n° 49, novembre 1944, p. 2 ; Aron, R., « Diplomatie élastique », in *La France libre*, n° 51, janvier 1945, p. 151-154.

8 Cf. Roussel, É., *De Gaulle*, t. I, *1890-1945*, Paris, Perrin, « Tempus », 2006, p. 660-668.

Mais, très tôt, il changea d'avis parce qu'il comprit que le Reich allemand ne resurgirait plus et que le danger principal pour l'Europe, c'était dorénavant l'impérialisme soviétique. Il y a maints articles écrits par Aron entre 1945 et le début des années 1950 où il explique aux Français « que l'Allemagne [...], avec ses villes détruites, son territoire divisé en zones d'occupation, ses usines paralysées, a cessé pour de longues années de représenter un danger[9] ». Le danger allemand ne demeurait plus « au centre du problème mondial[10] ». Dans un article paru dans *Point de vue*, il ridiculise la politique américaine de non-fraternisation et écrit qu'on rappelait, « à juste titre, aux Allemands leurs crimes, mais on oublie de leur faire entrevoir le sort qui les attend, après un purgatoire nécessaire mais fatalement temporaire ». Et il ajoute qu'« [i]l ne s'agit pas d'épargner aux Allemands les conséquences de leurs crimes, il s'agit d'avoir le courage de penser et d'appliquer une politique[11] ».

Il parla de courage, et il eut parfaitement raison de le faire, parce qu'il fallait vraiment être courageux pour suggérer, en juillet 1945, quand il écrivit cet article, une politique aux Français qui aurait abouti à accepter l'Allemagne comme membre de la communauté des États européens. C'est là, la plus grande différence entre Aron et ceux parmi les hommes politiques et journalistes français, socialistes ou modérés, qui apercevaient, comme lui, le danger soviétique. À la différence d'Aron, ils n'arrivaient pas encore à surmonter la peur de l'Allemagne. Mais ces différentes perceptions de l'Allemagne ont entraîné des conceptions très différentes d'une défense de l'Europe contre l'impérialisme soviétique. Nous y reviendrons plus tard.

Pour le moment, il faut souligner que seul le tenant d'un réalisme froid et prudent pouvait prôner une politique antisoviétique qui impliquerait une partie de l'Allemagne. C'est à cause de ce réalisme qu'Aron saisit très tôt la nécessité de défendre l'Europe contre une nouvelle menace totalitaire. Autrement dit, Aron réfléchissait sur la défense militaire de l'Europe parce qu'elle était objectivement menacée par une puissance militaire plus forte. Mais il ne se satisfaisait pas de cette

---

9 Aron, R., « Remarques sur la politique étrangère de la France » [1945], in Aron, R., *Chroniques de guerre*, cit., p. 963. Cf. également *ibid.*, p. 967 ; Aron, R., « Nouvelle carte du monde », in *Point de vue*, 4 mai 1945 ; Aron, R., « Pour l'unité de l'Europe », in *Point de vue*, 20 septembre 1945 ; Aron, R., *Le Grand Schisme*, Paris, Gallimard 1948, p. 80-84 ; Aron, R., « Y a-t-il encore un danger allemand ? », in *Terre des hommes*, 3 octobre 1945 ; Aron, R., « Y a-t-il encore un danger allemand ? », in *Combat*, 26-27 janvier 1947.

10 Aron, R., « Remarques sur la politique étrangère de la France », cit., p. 963.

11 Aron, R., « Deux Allemagnes ? », in *Point de vue*, 5 juillet 1945. Cf. également Aron, R., *Espoir et peur du siècle. Essais non partisans*, Paris, Calmann-Lévy, 1957, p. 351.

analyse réaliste. Il est normal que l'on veuille défendre ce que l'on possède, ce que l'on aime. Il n'est pas nécessaire de trouver une justification pour vouloir défendre sa patrie. La guerre de l'URSS contre l'Allemagne hitlérienne fut ainsi baptisée « Grande guerre patriotique[12] » et non pas « Guerre pour la défense du communisme ». Aussi Raymond Aron et beaucoup d'autres qui apercevaient l'Union soviétique comme une menace n'avaient-ils pas besoin d'invoquer autre chose pour leur plaidoyer en faveur de la défense des nations européennes que le patriotisme. En fait, la Russie avait déjà été une menace au XIXe siècle. De ce point de vue, l'organisation d'une défense européenne n'était qu'une question d'équilibre et de rapport de forces. Et il ne faut pas oublier que des réalistes orthodoxes, tel Walter Lippmann, pensaient que le respect de la zone d'influence de l'URSS était une condition nécessaire pour assurer la paix en Europe[13].

Or, Raymond Aron ne se lassait pas d'invoquer une justification supplémentaire, une justification qui était non pas réaliste, mais idéaliste, ou peut-être idéologique : en fin de compte, il s'agissait de défendre un régime politique, la démocratie libérale. Ce régime, pour Aron, était une sorte de meilleur régime en un sens non classique : la démocratie libérale n'était pas le meilleur régime parce qu'elle permettait l'achèvement de la nature humaine, mais parce qu'elle était, au XXe siècle, le seul régime concevable qui garantissait les libertés fondamentales. Pour reconnaître ce fait, il ne fallait pas, aux yeux d'Aron, se réclamer d'une instance en dehors de la démocratie comme régime politique. Pour comprendre que la démocratie libérale était le régime préférable, il ne fallait que comparer les différents types de régimes possibles au XXe siècle[14].

C'était là une position qu'Aron avait défendue dès la fin des années 1930. Déjà dans sa fameuse communication devant la Société française de Philosophie en 1939, il adopta cette attitude, en même temps, réaliste et idéaliste. Il invita ses auditeurs à comprendre que les États totalitaires étaient des régimes révolutionnaires qui voulaient diffuser leur révolution au dehors et étaient, à cause de cela, inévitablement impérialistes. Par contre, les démocraties libérales étaient « fondamentalement conservatrices, en ce sens qu'elle veulent conserver les valeurs traditionnelles

12 La guerre de l'Union soviétique contre l'Allemagne hitlérienne fut baptisée « Grande guerre patriotique » par allusion à la « Guerre patriotique de 1812 » contre Napoléon. Cf. Malia, M., *Vollstreckter Wahn. Sowjetunion 1917–1991*, Berlin, Propyläen, 1998, p. 338.

13 Cf. Soutou, *La Guerre froide*, cit., p. 233-234.

14 Cf. Aron, R., *Démocratie et totalitarisme* [1re édition 1965], Paris, Gallimard, 1985, p. 37-52.

sur lesquelles est fondée notre civilisation[15] ». Il fallait donc défendre la civilisation libérale contre ceux qui voulaient la détruire. Aron prolongea ses réflexions pendant la guerre dans un article de *La France libre* où il écrivit :

> La signification de la guerre apparaît lorsque l'on compare les régimes sociaux qui s'affrontent et les buts de paix auxquels tendent réellement les deux partis. Une guerre qui vise à sauver l'indépendance des petites nations, l'égalité des races et des peuples, les principes même d'un ordre humain est juste par excellence. Ce n'est pas même assez dire : la notion que nous avons du juste et de l'injuste est un des enjeux du conflit[16].

Même si, après la guerre, Aron utilisa plus rarement des mots aussi pathétiques, il ne changea pas d'avis. La lutte contre l'Union soviétique était, elle aussi, une sorte de guerre juste contre la menace de la tyrannie. On peut trouver cette idée dans un grand nombre de publications aroniennes de l'après-guerre, mais probablement est-elle formulée de la manière la plus éloquente dans *Le Grand Schisme* de 1948 : « Aux époques de guerre de religion ou de guerres civiles – et l'un ne va pas sans l'autre – il n'y a pas de neutralité possible[17]. » Il fallait choisir son camp et, comme les pays de l'Europe occidentale faisaient partie de la même zone civilisatrice que les États-Unis, à savoir la civilisation libérale, le parti qu'ils devaient adopter ne faisait pas de doute.

En résumé, Raymond Aron était partisan d'une défense militaire de l'Europe occidentale par réalisme *et* idéalisme. La nécessité de bâtir une défense commune en Europe était la conséquence de la puissance écrasante de l'Union soviétique. Mais la raison plus haute de cette nécessité était le danger de la destruction de l'Europe comme foyer de la civilisation occidentale et libérale. Il nous reste à savoir comment Aron imaginait cette défense de la liberté.

Atlantisme ou « Europe européenne » : Comment défendre l'Europe ?

Face à la guerre de Corée, Aron ressentit, au début des années 1950, la nécessité pour les Européens de l'Ouest de se doter des moyens de se défendre. Et plus encore : il ne conçut l'unification des nations de l'Europe de l'Ouest que sur le plan militaire. C'était, comme il l'écrivit, en 1951, dans *Les guerres en chaîne*, « l'essentiel dans l'idée européenne » – « une proposition simple, presque évidente, que Winston

---

15 Aron, R., « États démocratiques et États totalitaires. Communication à la Société française de Philosophie, Juin 1939 », in *Commentaire*, n° 6, 1983-1984, p. 711.

16 Aron, R., « Philosophie du pacifisme » [1941], in Aron, R., *Chroniques de guerre*, cit., p. 485.

17 Aron, R., *Le Grand Schisme*, cit., p. 9.

Churchill avait immédiatement saisie et que les propagandes et les intellectuels ont obscurcie depuis lors[18] ». Ces lignes ne furent pas écrites par un enthousiaste d'une unification politique de l'Europe, voire d'une Europe supranationale à la Monnet. Au contraire, Aron se montre ici sceptique sur les rêves des intellectuels et des technocrates. Ce scepticisme ne se trouve pas seulement dans *Les guerres en chaîne* mais aussi dans tous les articles aroniens sur la politique européenne publiés dans *Le Figaro* à cette époque-là.

Bien qu'après la Deuxième Guerre mondiale, Aron demeurât le partisan de l'unification de l'Europe de la première heure qu'il avait été, sa motivation n'était plus celle d'avant la guerre. Dans les années 1920 et au début des années 1930, Aron avait revendiqué l'unification de l'Europe pour des raisons idéalistes et qualifié de « séduisante esquisse[19] » l'idée du comte Coudenhove-Kalergi de la Pan-Europe. Au cours de son séjour en Allemagne, Aron se libéra de cette sorte d'idéalisme qu'il appellera, dans *Paix et guerre entre les nations*, l'« illusion idéaliste[20] », et se convertit au réalisme politique[21]. Et ce fut ce réalisme qui détermina, après la guerre, son plaidoyer pour une sorte d'unification de l'Europe. S'il militait pour l'idée européenne, c'était maintenant à cause de la situation politique et militaire des nations de l'Europe occidentale face à l'Union soviétique. Créer une force militaire européenne était la tâche la plus urgente. Aron n'était pas Européen de cœur, mais de raison.

Il n'était pas question, pour lui, de créer un État supranational. En 1981, Aron dit, dans *Le spectateur engagé*, qu'il avait espéré que l'Europe de Monnet fût possible, mais qu'il n'y avait pas cru. Quand nous nous référons aux *Guerres en chaîne*, nous pouvons constater que la mémoire ne lui fit pas défaut. En effet, on peut y lire :

> On ne crée pas les patries sur commande. Il est facile de dire, il est vrai dans l'abstrait, que les États nationaux sont anachroniques, parce qu'ils sont incapables d'assurer seuls leur défense. Mais les sentiments des peuples ne se transforment pas à l'allure du progrès industriel. […] L'idée européenne est vide, elle n'a ni la transcendance des idéologies messianiques, ni l'immanence des patries charnelles. Elle est une création d'intellectuels, ce

18 Aron, R., *Les guerres en chaîne*, Paris, Gallimard, 1951, p. 413.

19 Aron, R., « Ce que pense la jeunesse universitaire d'Europe », in *Bibliothèque universelle et Revue de Genève*, décembre 1926, p. 791. Cf. également Coudenhove-Kalergi, R., *Pan-Europa*, Vienne, Pan-Europa-Verlag, 1923.

20 Aron, R., *Paix et guerre entre les nations* [1re édition 1962], avec une présentation inédite de l'auteur, Paris, Calmann-Lévy, 1984, p. 573.

21 Cf. Baverez, N., *Raymond Aron. Un moraliste au temps des idéologies*, Paris, Flammarion, 1993, p. 69-126.

qui en révèle à la fois l'opportunité au regard de la raison et la faible résonance dans les cœurs[22].

Si l'Europe devait avoir un avenir, faut-il conclure, cet avenir ne pouvait être que militaire. Mais comment Aron imagina-t-il cette unification militaire ? On pourrait croire qu'il fût partisan du plan Pleven pour la création d'une armée européenne, mais, dès que ce plan fut proposé, Aron se montra plus que sceptique à son égard[23]. Les diverses critiques qu'il formulait sur ce plan peuvent se réduire à deux principaux aspects :

Premièrement, comme patriote et libéral qui pensait que la démocratie était liée indissolublement à la communauté des citoyens, il ne voulut pas que l'armée française fût dissoute dans une armée européenne ; de plus, l'intégration des armées au niveau des bataillons lui parut techniquement impossible ; et enfin, il refusa la conception d'un État supranational. Le 24 novembre 1952, dans *Le Figaro*, il écrivit un passage d'un ton fortement gaulliste :

> La méthode du transfert de souveraineté à une Haute Autorité ou à un Commissariat est redoutable pour l'idée européenne elle-même : ce n'est pas en “fusionnant” les souverainetés au bénéfice de technocrates, en prétendant ignorer la réalité séculaire des nations que l'on construira l'Europe. Celle-ci ne sortira pas de la fusion, elle sera l'accord des souverainetés[24].

Deuxièmement, il fut gêné par les desseins des partisans français du plan qui le voyait, comme plan Schuman auparavant, surtout comme un mécanisme pour la neutralisation du prétendu danger allemand. Pour ces hommes politiques français, l'unification européenne était moins nécessaire pour défendre l'Europe contre l'impérialisme soviétique que pour éviter une nouvelle agression allemande[25]. Pour atteindre ce but, ils

---

22 Aron, R., *Les guerres en chaîne*, cit., p. 415.

23 Cf. par exemple Aron, R, « Après la signature » [30 mai 1952], in Aron, R., *Les articles de politique internationale dans* Le Figaro *de 1947 à 1977*. Présentation et notes par Georges-Henri Soutou, t. I : *La Guerre froide (Juin 1947 à mai 1955)*, Paris, Fallois, 1990, p. 841-845 ; Aron, R., « Fédération européenne : Objectif ou mirage ? » [24 septembre 1952], in Aron, R., *Les articles du* Figaro, t. I, cit., p. 899-901 ; Aron, R., « Le réarmement de l'Allemagne, I : Quels sont les dangers ? » [20 novembre 1952], in Aron, R., *Les articles du* Figaro, t. I, cit., p. 918-921 ; Aron, R., « Le réarmement allemand, II : L'armée européenne » [22-23 novembre 1952], in Aron, R., *Les articles du* Figaro, t. I, cit., p. 921-924 ; Aron, R., « La querelle de l'armée européenne », in *Le Figaro*, 31 janvier-1 février 1953 ; Aron, R., « L'éternel débat » [17 août 1954], in Aron, R., *Les articles du* Figaro, t. I, cit., p. 1263-1265.

24 Aron, R., « Le réarmement de l'Allemagne, III : La possible révision » [24 novembre 1952], in Aron, R., *Les articles du* Figaro, t. I, cit., p. 926.

25 Cf. Miard-Delacroix, H., *Question nationale allemande et nationalisme. Perceptions françaises d'une problématique allemande au début des années cinquante*, Villeneuve-d'Ascq, Septentrion, p. 182-183.

étaient prêts à sacrifier une grande partie de la souveraineté française. La motivation aronienne ne pouvait pas être plus contraire à ce dessein des pères fondateurs de l'intégration européenne en France. C'est ce que reprocha Aron à Robert Schuman lors d'une rencontre à l'époque de la querelle de la CED. « C'est tout de même une drôle de conception, dit-il, vous ne voulez pas les Allemands comme alliés, mais vous les acceptez comme compatriotes ». Et Schuman répondit : « Après tout, pourquoi pas[26] ? » Contrairement à cette conception, Aron tenait la réconciliation de la France et de l'Allemagne pour plus importante que la construction d'une sorte de communauté politique européenne[27], parce que cette réconciliation était la condition indispensable pour une force militaire commune de l'Europe occidentale, ce qui était, pour Aron, le seul sens que le mot Europe pouvait avoir.

Par contre, Aron et la majorité des partisans français de la CED avaient ceci en commun qu'ils pensaient que la construction européenne n'était pas concevable sans l'appui des États-Unis. Cependant, il faut se garder de prendre cette conviction chez Aron comme la preuve d'un atlantisme sans réserve. À vrai dire, Aron n'était qu'un atlantiste de raison. À la fin des années 1940 et au début des années 1950, il continua à espérer que les États de l'Europe de l'Ouest pourraient, par le moyen d'une défense militaire en commun, retrouver leur indépendance politique. « Comme le plan Marshall, écrivit-il, en 1948, dans *Le Figaro*, le pacte atlantique n'a d'autre fin dernière que de se rendre lui-même inutile[28]. »

Mais cet espoir, Aron le perdit lors de la crise de Suez. Dans un article publié dans *Le Figaro* du 2 novembre 1956, il explique la réaction franco-britannique à la nationalisation du canal de Suez par Gamal Abdel Nasser ainsi : « Français et Britanniques ont été, semble-t-il, déterminés moins par un calcul politique que par la révolte contre les humiliations et par la volonté de rappeler au monde qu'ils n'étaient ni lâches ni décadents[29]. » Et il n'est pas trop audacieux de penser qu'Aron

---

26 Aron, R., *Le spectateur engagé*, entretiens avec Jean-Louis Missika et Dominique Wolton, Paris, Julliard, 1981, p. 161.

27 Cf. par exemple Aron, R., « De la sécurité à l'audace » [22 septembre 1951], in Aron, R., *Les articles du* Figaro, t. I, cit., p. 733-735 : « La France aurait pu proposer à l'Allemagne une entente sur les modalités d'un réarmement en commun, sans aller jusqu'à la formule de l'armée européenne. » Cf. en outre Aron, R., « La politique de M. Schuman est devenue la politique des "Trois" » [15-16 septembre 1951], in Aron, R., *Les articles du* Figaro, t. I, cit., p. 728-729 ; Aron, R., « Le dialogue franco-allemand » [6 février 1952], in Aron, R., *Les articles du* Figaro, t. I, cit., p. 792-796.

28 Aron, R., « Le pacte de l'Atlantique » [21 décembre 1948], in Aron, R., *Les articles du* Figaro, t. I, cit., p. 160.

29 Aron, R., « La force n'est qu'un moyen » [2 novembre 1956], in Aron, R., *Les articles de politique internationale dans* Le Figaro *de 1947 à 1977*, présentation et

pensa que cette motivation était digne de vieilles nations impériales comme la France et l'Angleterre. Toutefois, les règles de la politique mondiale de l'âge thermonucléaire ne respectaient pas la dignité des nations.

Face à la crise de Suez, Aron prit conscience de la solidarité des deux puissances mondiales contre la guerre totale aux dépens des Européens de l'Ouest. Cette solidarité était désormais un facteur primordial de la politique internationale. Pour les dirigeants des États-Unis, cette solidarité était au moins aussi importante que l'alliance avec les Européens de l'Ouest[30]. Pour cette raison, Raymond Aron vit dans la crise de Suez le symbole d'une faiblesse éclatante des États de l'Europe occidentale. Il partagea les conclusions que les hommes politiques anglais, notamment Harold Macmillan, tirèrent de la crise : étant donné que les États de l'Europe occidentale n'avaient plus la capacité de faire une politique étrangère autonome, leur seule chance de se faire entendre en politique internationale était une alliance étroite et indissoluble avec les États-Unis ; ils devaient être les nouveaux Grecs conseillant les nouveaux Romains[31].

Mais, il ne faut pas en conclure que, à ce moment, Aron se convertit à un atlantisme zélateur. En fait, son atlantisme était aussi retenu que le soutien qu'il apportait à l'intégration européenne. Le sens de l'Alliance atlantique était, à ses yeux, comme pour Macmillan, de permettre aux Européens de garder au moins une influence limitée sur les dirigeants de Washington. En outre, Aron ne renonça jamais à l'idée que l'OTAN était une organisation d'alliés. Même si les États-Unis étaient une « République impériale[32] », ce fait ne signifiait pas pour autant que les États dans la zone impériale américaine ne seraient que des satellites. Il le rappela quand le journaliste américain Walter Lippmann critiqua, en 1963, les efforts de Charles de Gaulle et de Konrad Adenauer pour former une union politique franco-allemande[33].

Certes, Aron ne croyait pas qu'une Europe dirigée par le couple franco-allemand pourrait trouver une vraie indépendance à l'égard des États-Unis. Si l'Europe devait avoir, dans l'avenir, une existence

---

notes par Georges-Henri Soutou, t. II : *La Coexistence (Mai 1955 à février 1965)*, Paris, Fallois, 1994, p. 257.

30 Cf. par exemple Aron, R., *Paix et guerre*, cit., p. 552.

31 Cf. Thorpe, D. R., *Supermac. The Life of Harold Macmillan*, Londres, Chatto & Windus, 2010, p. 354.

32 Aron, R., *République impériale. Les États-Unis dans le monde 1945-1972*, Paris, Calmann-Lévy, 1973.

33 Cf. Aron, R., « Réponse à Walter Lippmann. Le monopole atomique américain et l'Europe » [3 décembre 1962], in Aron, R., *Les articles du* Figaro, t. II, cit., p. 1110-1113.

politique propre, si elle devait avoir, un jour, une défense strictement européenne, elle ne l'atteindrait qu'au terme d'« une phase longue d'atlantisme[34] ». Mais le but à long terme était clair : restaurer l'Europe dans son unité et sa grandeur, la rendre capable de se défendre toute seule. On pourrait donc parler d'un gaullisme modéré d'Aron, d'un gaullisme qui n'était pas seulement modéré par l'atlantisme mais aussi par l'anglophilie aronienne. Son grand rêve pour l'avenir était une triple alliance, militaire et peut-être aussi politique, entre la France, la Grande-Bretagne et l'Allemagne fédérale. En 1960, il répéta dans *Le Figaro*, ce qu'Ernest Renan avait écrit, en 1871, dans *La réforme intellectuelle et morale*, à savoir que la grandeur intellectuelle et morale de l'Europe « repose sur une triple alliance dont la rupture est un deuil pour le progrès, l'alliance entre la France, l'Allemagne et l'Angleterre[35] ».

Aron ne put voir la victoire du monde libre dans la Guerre froide, il ne vit pas la fin du grand conflit idéologique. Comment jugerait-il ce que les Européens ont fait de cette chance historique ? Il n'est pas possible de le savoir, mais nous avons le droit de croire qu'il se verrait justifié dans son scepticisme concernant la volonté et la capacité des Européens de se donner une défense commune.

Un regard aronien sur le monde contemporain

Pourquoi est-ce que cette alliance militaire entre les trois plus grands pays de l'Europe, que Raymond Aron regardait comme la condition *sine qua non* d'une défense propre du Vieux Continent, ne s'est pas produite jusqu'à ce jour ? Certes, les Européens ont essayé d'établir une politique étrangère et de sécurité commune. Mais ces « dispositions générales relatives à l'action extérieure de l'Union et dispositions spécifiques concernant la politique étrangère et de sécurité commune[36] » dont il est question dans le Traité sur l'Union européenne n'existent que sur le papier. La guerre civile de Libye de 2011 a montré encore une fois que ce sont toujours les États nationaux qui seuls décident de leur politique militaire. Là, Aron aurait été d'accord, lui, qui était contre la fusion des nationalités ou des souverainetés. Par contre, il était en faveur d'un

---

[34] Aron, R., « La loi-programme militaire. J'aurais voté contre » [7 décembre 1964], in Aron, R., *Les articles du* Figaro, t. II, cit., p. 1440. Cf. également Aron, R., « À propos de la Communauté européenne de défense. La garantie anglo-américaine » [26-27 avril 1952], in Aron, R., *Les articles du* Figaro, t. I, cit., p. 827.

[35] Renan, E., « La réforme intellectuelle et morale » [1871], in Renan, E., *Œuvres complètes*, édition définitive établie par Henriette Psichari, t. I, Paris, Calmann-Lévy, 1947, p. 410. Cf. en plus Aron, R., « Lettre à un ami anglais » [7 avril 1960], in Aron, R., *Les articles du* Figaro, t. II, cit., p. 635.

[36] « Version consolidée du Traité sur l'Union européenne », in *Journal officiel de l'Union européenne*, 30 mars 2010, p. C 83/28.

accord des souverainetés. Et il critiquerait sévèrement l'incapacité des Européens, et surtout de la France, de la Grande-Bretagne et de l'Allemagne, d'agir en commun.

Il existe une raison principale pour laquelle ces trois nations ne peuvent pas s'entendre en matière de politique étrangère et, avant tout, militaire. Il ne faut pas oublier que l'Allemagne, ou du moins l'Allemagne de l'Ouest, a été profondément transformée par la politique de rééducation américaine. Aujourd'hui, l'Allemagne est le pays le plus « pacifiste » en Europe[37]. En plus, tandis que la France et la Grande-Bretagne sont d'anciennes puissances coloniales avec une force nucléaire, l'Allemagne est un pays non nucléaire qui n'a jamais été une vraie puissance mondiale. Les Français ont essayé très longtemps, avant 2011, d'inciter les Allemands à une coopération militaire plus étroite au sein de l'Union européenne. Comme ils n'ont pas réussi, ils ont décidé de coopérer plus étroitement avec la Grande-Bretagne, un pays plus proche de leur vision de la politique internationale. Les Allemands, de leur côté, préfèrent coopérer en matière militaire avec la Suède, un pays neutre sans capacités militaires[38].

Bismarck, dont la priorité en politique étrangère, après la fondation de l'Empire allemand, était de rendre tolérable la « halbhegemoniale Stellung[39] » (position de demi-hégémonie) du nouveau Reich sur le continent, disait que sa carte d'Afrique était la carte d'Europe[40]. Le Chancelier essayait de s'abstenir de toute politique d'expansion pour ne pas ébranler un équilibre délicat. Aujourd'hui, la crise de la dette dans la zone euro nous montre que l'Allemagne a regagné cette position de demi-hégémonie – au moins sous l'angle économique. Certainement, à cause de cela, un homme d'État allemand, avant d'agir sur le plan européen, doit essayer d'établir un consensus entre les différents membres de l'Union européenne. En politique étrangère, la circonspection de Konrad Adenauer doit être toujours la raison d'État de l'Allemagne unifiée. Pourtant, il faut aussi que l'Allemagne, qui est intégrée dans une communauté de démocraties libérales, assume ses responsabilités internationales – en phase avec ses partenaires européens, à savoir, en particulier, la France et la Grande-Bretagne. Mais l'abstention du gouvernement allemand au Conseil de sécurité des

---

37 Cf. Lilla, M., « Ist die ‹ Umerziehung › zu weit gegangen ? », in *Neue Zürcher Zeitung*, 5 avril 2003.

38 Cf. Busse, N., « Mentale Schützengräben. Warum eine gemeinsame Außenpolitik der EU unmöglich scheint », in *Frankfurter Allgemeine Zeitung*, 27 mars 2011.

39 Dehio, L., « Deutschland und die Epoche der Weltkriege », in *Historische Zeitschrift*, n° 173/1, 1952, p. 80.

40 Cf. Wolf, E., *Vom Fürsten Bismarck und seinem Haus*, Berlin, E. Fleischel & Co., 1904, p. 16.

Nations unies face à la demande franco-britannique d'une zone d'exclusion aérienne concernant la Libye, en mars 2011, a montré que ni la Chancelière Angela Merkel ni son ministre des Affaires étrangères Guido Westerwelle n'ont reconnu la nécessité de faire prévaloir par des moyens militaires ce qu'ils proclamaient dans leurs belles paroles.

Tandis que l'on pourrait dire que Westerwelle a pris cette position à cause de son évidente incompétence en politique étrangère, la même explication n'est pas valable pour Mme Merkel. Plutôt, elle a tenu compte du « pacifisme » viscéral du peuple allemand, estimant que son parti, la CDU, perdrait les élections dans les Länder du Bade-Wurtemberg et de Rhénanie-Palatinat si elle votait pour la zone d'exclusion aérienne. Ironiquement, la CDU a probablement perdu les élections au Bade-Wurtemberg *à cause* de l'abstention au Conseil de sécurité : en effet, les électeurs chrétiens-démocrates, qui étaient déjà critiques de la politique de Mme Merkel en général, n'ont pas compris pourquoi la Chancelière s'est séparée de tous les alliés occidentaux importants en violant un des articles de foi les plus importants de la CDU depuis Konrad Adenauer. Tout de même, globalement, elle ne fit pas un mauvais calcul en jugeant l'état d'esprit des Allemands comme plus ou moins « pacifiste ».

Cela ne veut pas dire que les Allemands se désintéressent du monde. Mais leur intérêt est purement humanitaire. Ils sont l'avant-garde de tous ceux en Europe qui adhèrent à cette « religion de l'humanité[41] » selon laquelle il est possible et nécessaire de transformer le monde par des moyens pacifiques en une société humanisée qui serait une extension planétaire de l'Union européenne[42]. Ils ne s'intéressent pas à la politique mondiale dans la mesure où c'est cette grande politique, qui, comme disait Aron, « s'écrit en lettres de sang[43] ». Il est ainsi difficile de voir quel projet commun la France, l'Angleterre et l'Allemagne pourraient poursuivre en politique étrangère et militaire.

Est-ce que cette analyse reste fidèle à la méthode aronienne ? Nous le croyons parce qu'elle s'efforce de voir le monde tel qu'il est. Néanmoins, il est aussi aronien de continuer à espérer. Peut-être les Européens arriveront-ils à comprendre à temps que le monde d'aujourd'hui est toujours soumis aux règles de la politique de puissance, et qu'il y a encore des ennemis de la démocratie libérale qui ne pensent pas à se laisser convertir par la politique de développement économique. Peut-

---

41 Manent, P., *Le regard politique*, entretiens avec Bénédicte Delorme-Montini, Paris, Flammarion, 2010, p. 201.

42 Cf. *ibid.*, p. 204-209.

43 Aron, R., *Penser la guerre, Clausewitz*, t. II : *L'âge planétaire* [1re édition 1976], Paris, Gallimard, « Tel », 1995, p. 283.

être comprendront-ils à temps qu'il est nécessaire, pour des raisons politiques, culturelles, économiques et idéologiques, d'être prêt à se défendre ensemble.

Annexes

Universalité de l'idée de nation et contestation[1]

Raymond ARON

L'amitié d'Annie Kriegel est irrésistible autant qu'impérieuse. Avant les vacances, elle a décrété que je devais faire une conférence pendant ce colloque. Je lui ai assuré que je n'avais rien de spécifique à dire sur le sujet de l'idée nationale, elle n'a pas cédé et me voici ce soir obligé de vous entretenir du sujet : « Universalité de l'idée nationale et contestation[2]. »

La tâche est doublement difficile. Tout d'abord, le colloque qui a eu lieu ici même portait directement ou indirectement sur l'idée nationale appliquée à l'État d'Israël. Or, s'il y a un cas qui est, si je puis dire, unique, paradoxal, c'est le cas de l'État d'Israël ; et j'aurais le droit de n'en rien dire, à cause de cette singularité même ; mais j'aurais le sentiment de reculer devant la partie la plus difficile de la tâche, si je n'y faisais allusion à la fin.

L'autre difficulté, c'est que la notion même d'idée nationale est tout, sauf claire, et qu'il ne me paraît pas démontré que l'idée nationale ait aujourd'hui une portée universelle, comme le suggérait le titre qui a été donné à la conférence. Quant aux formes de contestation de cette idée, elles sont tellement nombreuses que je devrai me borner à quelques allusions.

Je pense que nous serons tous d'accord sur le point de départ suivant : l'idée nationale, sous sa forme moderne, est née en Europe, et elle est intimement liée à la Révolution française.

Je prendrai donc un cas de l'histoire européenne qui nous touche tous, ou qui nous a tous touchés et qui révélera les difficultés de définir avec précision l'idée nationale ou les différents sens de cette idée. Je prendrai le cas de l'Alsace. L'Alsace était une province de l'empire germanique, de culture allemande. Elle est devenue une province

---

1 In Institut national des Langues et Civilisations orientales, *Aspects du sionisme, théorie-utopie-histoire*, Paris, INALCO, 1982, p. 113-121, conférence prononcée en octobre 1976 (Toutes les notes de ce texte sont ici des éditeurs).

2 La forme orale de l'exposé a été conservée.

française au XVIe siècle, par la conquête, et, par deux fois, en 1815 et en 1871, les Allemands ont posé la question de la reprise de l'Alsace. En étudiant la littérature de la période de 1815 (au moment où j'écrivais mon livre sur Clausewitz), j'ai été frappé par les discussions qui ont eu lieu à cette époque entre les Allemands partisans de la reprise de l'Alsace et les Allemands qui y étaient opposés. Or, ceux qui étaient le plus fermement opposés au retour de l'Alsace dans l'ensemble allemand (qui n'était pas encore unifié), c'étaient les conservateurs, les traditionnels. Le texte qui m'a le plus frappé est de la plume de Friedrich von Gentz, traducteur d'Edmund Burke et ami intime de Metternich. Il s'élevait avec violence contre l'idée que l'Allemagne pouvait ou devait récupérer l'Alsace à la faveur de la victoire, mais, en même temps, il était indigné par les arguments que les Français évoquaient en faveur de leur cause. En effet, il trouvait d'une arrogance insupportable que les Français depuis les Conventionnels prétendissent fonder le caractère français de l'Alsace sur la volonté des Alsaciens. Invoquer la volonté des hommes pour déterminer l'appartenance d'une province lui semblait un principe essentiellement révolutionnaire, annonciateur de catastrophes politiques en Europe. Il était opposé à la reprise de l'Alsace, tout simplement parce qu'à ses yeux, il y avait prescription : la paix n'est possible en Europe entre les différents États ou royaumes que dans la mesure où les résultats d'une guerre ne sont pas remis en question un siècle et demi après.

Les partisans de la reprise de l'Alsace étaient ceux que l'on appellerait aujourd'hui les hommes de gauche, les libéraux, les partisans de l'Unité allemande et des idées libérales.

En d'autres termes, à l'époque, en ce qui concerne l'appartenance d'une province à un État, s'opposaient deux idées historiques, deux sortes de justification : l'une était la justification traditionnelle, les provinces appartiennent à leur souverain ; et l'autre, née en même temps que la Révolution française, l'appartenance d'une province dépend de la volonté de ses habitants.

En 1871, l'Alsace est redevenue allemande, et, à cette époque, il y a eu de nouveau une discussion idéologique entre, disons, symboliquement, Renan d'un côté et Strauss de l'autre, à propos de deux interprétations de l'idée nationale : ceux qui refusaient l'annexion de l'Alsace en 1815 n'invoquaient pas une idée nationale, ils invoquaient le *droit* traditionnel des gens de l'Europe. L'Alsace ayant été française pendant un siècle et demi, elle devait le rester, car si l'on remettait en question à chaque occasion ce qui avait été fixé auparavant, il en résulterait un état d'incertitude et de guerre permanente. En revanche, en 1871, l'idée du droit traditionnel a disparu et nous assistons au dialogue de deux conceptions de l'idée nationale. Comme vous le savez, les Allemands disaient : les Alsaciens sont de culture allemande, de tradition allemande, ils ont appartenu à l'Empire romain de nationalité germanique ; ils ont été annexés par la France *manu militari* ; il se peut qu'aujourd'hui, les Alsaciens vivants aient perdu le sens de leur passé, de leurs traditions, de leur appartenance essentielle, mais disaient les porte-parole de Bismarck – qui, probablement, ne s'en souciait pas beaucoup – et les intellectuels : les Alsaciens restent des Allemands, même s'ils expriment leur volonté de demeurer français. De l'autre côté, les Français maintenaient ce qui était la tradition révolutionnaire de l'idée nationale : ce qui détermine, et doit déterminer, le destin d'une province, le destin des hommes, c'est leur volonté ; c'est la volonté des citoyens qui détermine l'appartenance étatique. Ce dialogue, quoi qu'on pense des arguments invoqués pour ou contre chacune des deux thèses, met en lumière, à mon avis, une première dualité de l'idée nationale. Il y a une idée nationale qui, dans une large mesure, a été l'idée nationale allemande précisément parce que l'Allemagne n'était pas unifiée au moment où la France l'était déjà, c'est l'idée qu'un peuple se définit par une langue, par une tradition historique. Les Allemands se pensaient comme peuple (voyez les discours de Fichte à la nation allemande), en dehors de l'unité étatique et de la volonté des citoyens, en dehors de l'universalité et de la citoyenneté. La nationalité s'était pour ainsi dire constituée à travers les siècles et, à un moment donné, elle représentait une réalité substantielle, contre laquelle même la volonté transitoire des habitants ne signifiait rien. Bien entendu, dans le type-idéal de l'idée nationale, on joint ces deux aspects ou les deux thèses française et allemande. Quand les Français choisissent la France, ils choisissent la France parce qu'ils ont en commun des souvenirs et des volontés, pour parler comme Renan, parce qu'ils parlent plus ou moins la même langue, ou parce que, dans une large mesure, ils participent de la même culture. Malgré tout, dans la conception française, c'est la volonté des habitants qui l'emporte, et cette volonté peut aller contre l'appartenance culturelle. À ces deux aspects, la volonté des habitants et la communauté de culture, il faut ajouter l'idée de l'indépendance ou de la souveraineté de l'entité politique constituée par la volonté commune des citoyens ou par l'unité culturelle.

L'idée nationale au siècle dernier a créé des conflits comme ceux dont l'Alsace a été l'enjeu, mais le résultat le plus visible et le plus frappant dans le devenir de l'Europe au siècle dernier, ce fut la constitution des unités allemande et italienne.

Au XIXe siècle, l'idée nationale a servi à élargir ou à créer de grandes unités, ou encore à introduire l'idée française de la nation et de l'État dans des régions du monde où les hommes avaient conscience d'une nationalité commune sans constituer une unité étatique.

Si l'on veut grossièrement opposer les implications de l'idée nationale, d'une part, au siècle dernier, et d'autre part, en celui-ci, on peut dire qu'en Europe, l'idée nationale a constitué de grandes unités au XIXe siècle, et qu'elle en a provoqué la dissolution au XXe siècle, avec toutes les conséquences que nous connaissons. L'État national idéal-typique, avec cette triple caractéristique : volonté commune, communauté de culture, indépendance totale par rapport aux autres entités politiques, cette idée de la nation idéale-typique est-elle vraiment en train de s'universaliser ? Ou encore cette idée est-elle universelle ?

Je voudrais m'arrêter un instant pour vous citer quelques textes : dans son dernier livre qui est riche, comme toujours, d'analyses et de citations, Bertrand de Jouvenel parle de la nation et de l'État moderne. Voici ce qu'il en dit :

> Vue après coup, la marche de la Révolution paraît avoir eu pour but la fondation du culte de la nation. Comme cette marche n'intéresse pas notre sujet, je me bornerai à souligner, qu'il fallut la réunion des ordres pour que la nation sût pour la première fois figurer comme existant en dehors du roi, que la partie gauche de l'Assemblée prît bientôt la dénomination de « patriote », que la fête de la Fédération symbolisât la constitution d'un tout, dont le roi n'était pas clé de voûte, que la correspondance de Louis XVI avec l'étranger et la fuite à Varenne permettent de le regarder une première fois comme se séparant de la nation, que le procès de Louis XVI enfin prît le caractère d'un procès de rébellion envers la nation et d'intelligence avec l'étranger. Et la formule fameuse « le culte de la nation » apporte dans la politique une innovation fondamentale[3].

Guizot, quant à lui, interprète la naissance de l'idée nationale en France et pendant la Révolution de la façon suivante :

> Le dévouement à la patrie, le devoir envers la patrie, ne sont certes pas des sentiments nouveaux et que n'aient pas connus nos pères. Il y a cependant entre leurs idées et les nôtres, leurs dispositions et les nôtres à cet égard, une différence profonde : la fidélité envers les personnes, envers les supérieurs et envers les égaux, était, dans l'ancienne société française, le principe et le sentiment dominant. Ainsi l'avaient faite ses origines et ses institutions premières. Les liens personnels étaient les liens sociaux. Dans le long cours de notre histoire, la civilisation s'est répandue, les classes diverses se sont rapprochées et assimilées. Le nombre des hommes indépendants et influents s'est immensément accru. Les individus sont sortis des groupes particuliers auxquels ils appartenaient jadis pour entrer et vivre dans une sphère générale ; l'unité nationale s'est élevée au-dessus de l'organisation hiérarchique. L'État, la nation, la patrie, ces êtres collectifs et

---

[3] Jouvenel, B. de, *Les débuts de l'État moderne. Une histoire des idées politiques au XIXe siècle*, Paris, Fayard, 1976, p. 92.

abstraits sont devenus comme des êtres réels et vivants, objets de respect et d'affection.

> Le devoir envers la patrie, le dévouement à la patrie ont pris dans la plupart des âmes un empire supérieur à celui des anciens dévouements, des anciens devoirs de fidélité envers les personnes[4].

Je pense que cette formule de Guizot est parfaitement juste : « L'État, la nation, la patrie, ces êtres collectifs et abstraits sont devenus des êtres réels et vivants. » Et voici la conclusion de l'analyse :

> Ce fut pour des causes profondes, et sous l'empire de grands faits sociaux que, sans préméditation, par instinct, les deux partis s'appelèrent en 1789, l'un, le parti *royaliste*, l'autre le parti *patriote.* Dans l'un, le devoir et le dévouement envers le roi, chef et représentant de la patrie, dans l'autre, le devoir et le dévouement direct envers la patrie elle-même, étaient le principe, le lien, le sentiment dominant[5].

Si l'on veut retrouver ce qu'était devenue l'idée nationale à la fin du XIXe siècle et au début du XXe siècle dans les pays d'Europe, je pense qu'on ne peut mieux faire que de se reporter à deux auteurs dont le rapprochement vous surprendra : l'un est Treitschke, en tant que représentant de la pensée allemande, et l'autre est Marcel Mauss qui a écrit sur la nation un texte fort peu lu et fort peu cité, mais qui est une des expressions les plus frappantes et les plus éloquentes de l'idée nationale.

Le texte de Treitschke s'appelle *Politique*[6], il s'agit de cours qu'il avait donnés à l'université de Berlin, et ces cours sur la politique se terminaient sur l'idée suivante : « Les nations européennes sont l'aboutissement de l'histoire et le chef-d'œuvre de l'histoire humaine. » Les États nationaux, avec leur souveraineté intégrale, l'État national, avec son double devoir de justice et de sécurité – la balance et le sabre –, l'État national, une unité culturelle s'exprimant dans un État souverain, c'était pour lui la forme ultime de l'organisation des hommes en société.

Quant au texte de Marcel Mauss, il a été écrit peu de temps après la guerre de 1914, certainement sous l'influence de l'exaltation patriotique de la guerre, mais il est caractéristique de l'idée nationale telle qu'elle s'exprimait en Europe à la fin du XIXe siècle et au début du XXe siècle.

---

4 Guizot, F., *Mémoires pour servir à l'histoire de mon pays*, Paris, 1858-1867, t. II, p. 14.

5 *Ibid.*, t. III, p. 584.

6 Treitschke, H. G. von, *Politik, Vorlesungen gehalten an der Universität zu Berlin*, Max Cornicelius (hrsg)., Leipzig, S. Hirzel, 1897-1898.

> Nous entendons par « nation » une société matériellement et moralement intégrée, à pouvoir central stable, permanent, à frontières déterminées, à relative unité morale, mentale et culturelle des habitants qui adhèrent consciemment à l'État et à ses lois[7].

Pour Marcel Mauss, la nation au bon sens du terme impliquait la démocratie, la fête de la Fédération était l'acte de naissance de la nation au sens moderne du terme ; il jugeait que la volonté de chaque nation de posséder ses lois, sa culture, son économie, était une aspiration normale et saine. Il tenait non pas seulement l'unité de la nation mais aussi son individualité et son identité pour un bien souverain, et, à ses yeux, la nation au sens plein du terme n'était encore réalisée qu'en Europe ; il écrivait qu'on a le droit de juger de la qualité inégale des espèces politiques comme on juge de la qualité ou de la beauté inégale des êtres vivants. Et pour lui, comme pour Treitschke, la nation au sens plein du terme était le chef-d'œuvre de l'histoire humaine. L'aboutissement de l'histoire humaine, c'est une communauté de culture qui soit en même temps une communauté de volonté, ainsi chaque nation est satisfaite en elle-même, elle n'est pas nationaliste au sens agressif du terme ; il croyait même, avec une certaine naïveté, que plus les peuples sont démocratiques, moins ils sont agressifs, et il pensait que la France était le pays qui avait réalisé de la manière la plus parfaite le type idéal de l'État national, puisque les Français étaient citoyens, sans intermédiaire entre eux et l'État ; du reste, il s'inquiétait quelque peu de l'absence de corps intermédiaires et rêvait à la vieille idée durkheimienne que des corporations seraient peut-être utiles pour que les individus ne fussent pas laissés dans une totale solitude ; mais fondamentalement, à ses yeux, c'est l'Europe qui était « l'Empire des nations » : ailleurs, disait-il, les autres peuples ne sont pas encore arrivés à cette phase nationale, et cette « phase nationale » était pour lui la phase la plus haute. Voici ses propres termes :

> Une nation complète est une société intégrée suffisamment, à pouvoir central démocratique (pour lui, démocratie et nation vont ensemble), ayant en tout cas la notion de souveraineté nationale, et dont, en général, les frontières sont celles d'une race, d'une civilisation, d'une langue, d'une morale, en un mot, d'un caractère national[8].

---

7 Ce texte est composé de fragments rédigés dans les années 1920 et publiés en 1954 par Henri Lévy-Bruhl. Mauss, M., *Œuvres*, Paris, Les Éditions de Minuit, « Le sens commun », 1969, t. III, *Cohésion sociale et divisions de la sociologie*, p. 584.

8 *Ibid.*, p. 604.

Il emploie curieusement le mot « race », non pas par erreur, mais parce qu'à ses yeux, la nation finit par créer la race, par créer un caractère national singulier[9] :

> Quelques éléments de ceci peuvent manquer : la démocratie manquait en partie à l'Allemagne, à la Hongrie, totalement à la Russie. L'unité de langue manque à la Belgique, à la Suisse, l'intégration manque à la Grande-Bretagne (*Home Rule* écossais). Mais, dans les nations achevées, tout ceci coïncide. Ces coïncidences sont rares, elles n'en sont que plus notables, et si l'on nous permet de juger, plus belles. Car il est possible de juger, même sans préjugé politique, des sociétés comme des animaux ou des plantes[10].

Alors, si l'idée nationale comporte toutes ces significations, toutes ces implications réunies, peut-on parler de *l'universalisation* de l'idée nationale ? En d'autres termes, les Européens ont certainement répandu à travers le monde certains éléments de l'idée nationale. Mais je crois qu'au sens où Treitschke, Marcel Mauss, le général de Gaulle pensaient la nation ou l'idée nationale, il y a relativement peu de nations, aujourd'hui encore, en dehors de l'Europe.

Dès lors, je veux contester la thèse de l'universalisation de l'idée nationale. Qu'est-ce qui s'est universalisé sous l'influence européenne ? Ce qui s'est universalisé, c'est le droit des peuples de ne pas être gouvernés par des étrangers. Que les peuples ont le droit de se gouverner eux-mêmes, que les peuples n'appartiennent pas à leur maître, mais n'appartiennent qu'à eux-mêmes, ces idées-là ont été en effet répandues par l'Europe, et elles constituent une composante, une des composantes de l'idée nationale.

Cela dit, si l'idée nationale suppose la citoyenneté au sens démocratique du terme, on ne peut pas dire que la citoyenneté nationale se soit répandue à travers le monde ; car il y a peu de citoyens, peu d'États avec des citoyens, au sens que Mauss donnait à cette expression. En d'autres termes, ce qui, me semble-t-il, s'est répandu sans aucun doute, c'est l'idée de nation en tant que refus de la domination étrangère. Ce qui fait problème : à partir du moment où l'entité politique n'a pas de frontières évidentes, où les tribus, ou les peuples protestent contre un maître étranger sans constituer cette unité de culture dont parlaient les Allemands ou cette unité fondamentale qu'évoquait Marcel Mauss, comment faire le découpage ? Les Européens ont connu pour la première fois les difficultés d'application de l'idée nationale lorsqu'ils ont voulu l'introduire au centre de l'Europe. Car, comme chacun sait, l'Europe centrale était de « civilisation germanique », mais avec une grande diversité de peuples.

---

9 *Ibid.*

10 *Ibid.*

L'Autriche-Hongrie comportait non seulement les Autrichiens et les Hongrois, mais les Tchèques, les Slovaques, les Slaves du Sud.

Quand on a, en 1918-1919, appliqué le principe des nationalités et invoqué la volonté des habitants, la question s'est posée immédiatement : dans quel cadre demande-t-on aux individus de choisir l'entité politique à laquelle ils veulent appartenir ? Ce dernier problème, nous le connaissons aujourd'hui, puisqu'il se pose dans les îles des Comores : est-ce qu'on fait voter globalement les îles des Comores, ou bien est-ce qu'on décompose le vote ? La volonté qui compte, est-ce celle des habitants de Mayotte ou celle des habitants de toutes les îles des Comores ? La création de la Tchécoslovaquie a été à la fois un succès et une faillite de l'idée nationale. C'était un succès de l'idée nationale pour les Tchèques, mais c'était une faillite de l'idée nationale, car la Tchécoslovaquie reconstituait une pluralité, je ne sais s'il faut dire de peuples, ou d'ethnies, ou de groupes linguistiques, ou de groupes nationaux distincts ; et toute la pluralité, toute la diversité que l'on reprochait à l'Autriche-Hongrie se retrouvait peu de chose près, dans la Tchécoslovaquie d'après-guerre. Et aucun découpage de l'Europe centrale n'aurait pu donner satisfaction simultanément à tous les peuples et aux exigences de sécurité de chacun d'eux. En d'autres termes, la première limite à l'universalisation, c'est que l'idée nationale comporte les trois éléments que j'ai distingués : la volonté, l'unité de culture et la souveraineté. Lorsque ces trois éléments sont suffisamment joints, comme dans le cas de la France ou à la rigueur dans le cas de l'Allemagne, l'idée nationale constitue des entités politiques viables ; à partir du moment où il y a un mélange de peuples, et où chacun d'eux prétend à la souveraineté ou à l'indépendance, l'idée nationale devient, si je puis dire, un facteur de scissiparité politique. Et je rappellerai, au risque de choquer, que lorsque les conservateurs disaient en 1815 : « Il est dangereux d'invoquer la volonté des populations car l'ordre a été fondé sur de tout autres principes, et tout l'ordre européen sera remis en cause par le principe révolutionnaire de nationalités », ils n'avaient pas tort. Pour prendre une caution plus bourgeoise, plus libérale, plus à gauche, je citerai Élie Halévy, qui, dans ses études sur la guerre de 1914, a dit à juste titre que le principe d'autodétermination est un principe en lui-même révolutionnaire, qu'il est difficile d'appliquer de manière telle que l'on reconstitue un ordre stable, dans lequel les différentes nations aient le sentiment à la fois de posséder leurs frontières naturelles et d'être organisées selon leur désir.

Ce qui était probablement le grand espoir et la grande illusion de Marcel Mauss, c'était l'idée de l'universalisation de la démocratie qui, à ses yeux, entraînait l'universalisation de nations et de nations toutes pacifiques, parce que démocratiques.

Comme nous le savons, le cours de l'histoire en Europe a été tout autre ; en dehors de l'Europe, l'idée nationale européenne a certes contribué à la dissolution des empires créés par les Européens en dépit de leurs principes, au moins en dépit des principes qu'ils avaient adoptés à la fin de leur histoire, mais un petit nombre seulement de ces États nouveaux sont des États nationaux au sens plein du terme.

À partir de là, je pourrais m'engager dans deux directions : ou bien je pourrais réfléchir sur la diversité des États qui se sont créés en Afrique, en Asie, en Amérique, et me demander dans quelle mesure ils correspondent au type-idéal de l'État national ; je préfère m'engager dans l'autre direction, parce que j'obéis encore à Annie Kriegel : je pense que quand elle a mis dans le titre : « La contestation de l'idée nationale », elle songeait à une autre forme de contestation.

Je pense, en effet, qu'à l'heure présente en Europe même, l'idée nationale est contestée de trois manières ; je distinguerais, d'une manière un peu pédante, une contestation « subnationale » : les Basques, les Corses, les Bretons, les Écossais, etc. ; une contestation « supranationale », c'est-à-dire la dénonciation de l'idée nationale liée à la souveraineté comme responsable de l'anarchie internationale et des guerres ; et une troisième sorte de contestation qui, elle, est essentiellement économique, contestation « transnationale », terme par lequel je désigne la création progressive dans l'ensemble atlantique d'institutions, de phénomènes économiques, qui se situent, pour ainsi dire, dans les interstices des États nationaux, et qui n'obéissent à aucun État national en tant que tel. Le phénomène auquel je songe, vous l'avez peut-être deviné, c'est le marché des eurodollars. Le marché des eurodollars est par essence un phénomène transnational qui représente la contestation des États nationaux en tant que souverains. Un historien américain a publié récemment un livre passionnant[11] sur la formation du système européen, et il fait remarquer que ce à quoi nous assistons aujourd'hui, c'est-à-dire un marché mondial économique sans empire, est un phénomène à peu près unique dans l'histoire du monde. Nous avons un marché mondial qui englobe un grand nombre de pays – ces pays conservant théoriquement leur souveraineté intégrale. Et certains phénomènes comme celui que j'ai mentionné se situent précisément dans les zones que ne couvre, que ne coiffe, aucune souveraineté nationale.

Les contestations subnationales, la Grande-Bretagne, la France, ou l'Espagne les connaissent, et en un certain sens, il n'y a rien de nouveau dans ces contestations. En effet, quand nous disions, ou quand nos pères

[11] Il s'agit d'Immanuel Wallenstein, *The Modern Worldsystem, Capitalist Agriculture and the Origins of the European World Economy in the Sixteenth Century*, New York, Toronto, Londres, Academic Press, 1974.

disaient : la France est une unité de culture – dans le cas de la France, il y a coïncidence absolue entre l'unité de culture et la volonté nationale – de toute évidence, nous simplifiions : les Bretons parlaient une langue qui était différente de la langue française, dans les écoles de la République, si les petits Bretons parlaient ce que l'instituteur appelait le « dialecte » ou le patois, ils recevaient des gifles. En d'autres termes, il y avait une volonté d'uniformisation culturelle par l'État jacobin qui pouvait un jour ou l'autre provoquer les réactions des groupes plus ou moins distincts par telle ou telle caractéristique.

Si l'on avait le temps, on pourrait chercher les causes profondes de ces phénomènes. Il y a une cause qui s'impose presque d'elle-même à l'esprit : il est certain que l'État national qu'exaltaient les historiens européens de la fin du XIXe siècle, l'État national européen était en même temps une grande puissance. Ces grandes puissances s'opposaient les unes aux autres. Elles étaient les acteurs de premier rang dans l'histoire universelle ; or, la France aujourd'hui n'a plus d'ennemis déclarés, elle n'a que des amis, de tous les côtés, elle manque donc d'une des causes traditionnelles de la cohérence des unités politiques. En Angleterre, ou plutôt au Royaume-Uni, l'affaiblissement de l'État est encore plus marqué : l'Empire a disparu, le Royaume-Uni en Europe occidentale a été le pays qui a profité le moins du quart de siècle de croissance économique exceptionnelle ; il est donc assez compréhensible que des facteurs de désintégration économique se manifestent à la faveur de l'amertume que peuvent éprouver les citoyens du Royaume-Uni. Il faut ajouter que nous avons, en France, grandement sous-estimé la différence entre les Anglais et les Écossais. J'ai dû faire de longs séjours en Écosse, et discuter avec des collègues universitaires anglais dans les universités écossaises pour me rendre compte que ce que nous appelons l'unité britannique n'exclut pas, à beaucoup d'égards, dans l'organisation sociale, dans la législation, dans la religion, des différences marquées.

L'Écosse a été longtemps un pays indépendant – je ne crois pas du reste qu'elle redeviendra indépendante, mais la revendication écossaise n'a ni le caractère extravagant que les Français sont tentés de lui prêter, ni le caractère strictement économique que la présence de pétrole à quelque distance des côtes permet aux observateurs cyniques d'imaginer. Ce réveil des communautés plus étroites que la communauté nationale est un phénomène spécifique.

Il est difficile de trouver toujours les mêmes causes économiques pour ces réveils des communautés locales. Dans le cas de la Bretagne, on est tenté d'invoquer la relative pauvreté d'une province située en marge des grands courants économiques ; cela est vrai, mais il y a d'autres cas où l'explication par la pauvreté ne vaut manifestement pas ; c'est le cas du Pays basque espagnol, qui est une des régions les plus riches d'Espagne, et où la protestation de la province basque contre l'État centralisé n'en est pas moins forte. En réalité, selon les cas, les facteurs sont très différents. Les deux seuls facteurs constants que l'on peut observer sont, d'une part, l'affaiblissement du prestige de l'État national européen en raison de son abaissement, et d'autre part, une réaction concrète contre l'administration anonyme et lointaine et une sorte de volonté de réenracinement.

Cette volonté de réenracinement est probablement la contrepartie du déracinement qu'entraîne la diffusion de la civilisation industrielle. Cette contestation de l'État national est, me semble-t-il, une donnée de la politique européenne sans en être une donnée fondamentale.

La seconde contestation, celle que j'ai appelée la contestation *supra-nationale*[12] me paraît finalement la plus faible de toutes. En effet, les tentatives pour créer soit un patriotisme européen, soit une autorité supranationale au niveau mondial, ces tentatives, je crois qu'on peut le dire, fût-ce avec regret, ont une fois de plus échoué. L'Europe occidentale, l'Europe des Six en un certain sens est une réalité : le Marché commun a créé une solidarité économique, intellectuelle et morale entre les différents pays d'Europe. L'idée d'une guerre entre, disons, l'Allemagne et la France est devenue presque inconcevable pour les Français de la jeune génération. Les jeunes Français vont se promener à travers l'Europe, sans faire trop de distinctions entre les pays ; ils traversent les frontières avec indifférence. En ce sens, on peut dire de l'extérieur que la construction politique de l'Europe a échoué parce que la construction économique, et pour ainsi dire quotidienne, a réussi. Les Européens sont satisfaits de ce qu'ils ont fait, mais ce qui n'est pas né, c'est l'acceptation d'un pouvoir proprement européen dans les domaines qui ont toujours constitué l'essence de la souveraineté nationale, c'est-à-dire la diplomatie et l'armée. Et si l'on peut penser que, immédiatement après la guerre, à l'époque de la ruine totale, il y avait une chance que puisse surgir des décombres *une* volonté des nations européennes, je crois que cette chance a disparu. L'Europe restera constituée par un ensemble de nations qui certes ne s'opposent pas les unes aux autres par la force de leur patriotisme ou par une rivalité de puissance – elles vivent pacifiquement les unes à côté des autres –, mais le sentiment le plus fort reste l'attachement des individus à leur nation, quelquefois à une subnation, mais, me semble-t-il, presque jamais à une supra ou supernation.

Bien entendu, à titre personnel et en tant qu'intellectuel, l'idée européenne me convainquait ou me fascinait. C'eût été une œuvre historique incomparable que de créer une nation composée des nations européennes.

---

12 Raymond Aron a recours à la comparaison avec les contestations subnationales pour souligner la distance qui sépare le sentiment d'appartenance au judaïsme et celui de nationalité : « Les juifs, les vrais, ne se mettent pas eux-mêmes sur le même plan que les micronationalismes ou les groupes ethniques dont la culture française n'a pas effacé les traits particuliers » (*Mémoires* [1983], édition intégrale inédite, Paris, Robert Laffont, « Bouquins », 2010, p. 504).

Pour dire la vérité, je n'y ai jamais cru, bien que dans l'ensemble j'aie milité pour cette tâche. Je n'y ai jamais cru parce que j'ai toujours eu le sentiment que ce qui avait fait la spécificité et l'originalité de l'Europe, c'était la pluralité des nationalités et des souverainetés étatiques. Or, pour créer une souveraineté étatique embrassant la diversité des nations, il aurait fallu ou une menace urgente, ou un fédérateur tout-puissant. Au bout du compte, il est rare dans l'histoire – je crois qu'il est même sans exemple – que des entités politiques qui ont derrière elles des siècles d'histoire et de traditions propres s'unissent par une décision prise à un moment donné, simplement pour des raisons pragmatiques.

Il va de soi que la création des États-Unis d'Amérique n'a absolument rien de commun avec ce qu'eût été une création des États-Unis d'Europe par un rassemblement des États européens. Les treize États d'Amérique ne ressemblaient d'aucune manière aux États européens « chefs-d'œuvre de l'histoire », comme nous l'avions appris en lisant nos livres. Quant à l'ONU, elle n'a jamais été conçue comme une autorité supranationale. Aujourd'hui, elle offre une tribune aux protestations, revendications, griefs et négociations – et le Conseil de sécurité est en mesure d'intervenir –, mais les grandes décisions se prennent en dehors de l'ONU.

Bien entendu, il y a beaucoup d'écrivains, d'hommes politiques qui considèrent que le malheur de l'espèce humaine, c'est le nationalisme. Mais que veut-on dire par là ? Si l'on veut dire que ce qui crée la possibilité des guerres, c'est la division de l'espèce humaine en une pluralité d'entités souveraines, il s'agit d'une évidence : pour qu'il y ait des guerres internationales, il faut qu'il y ait des souverainetés distinctes. Cela dit, comme, dans l'état actuel des choses, il est totalement inconcevable que l'ensemble de l'humanité obéisse à un seul gouvernement, condamner l'État national et l'idée nationale signifie ou bien que l'on condamne les souverainetés, ce qui ne signifie rien, ou bien que l'on condamne la forme particulière que prend la souveraineté, c'est-à-dire la coïncidence de la communauté ethnique et de la volonté des habitants, et, en ce cas, on a tort de condamner l'État national. Là où l'État national est possible, je continue à penser qu'il est l'entité politique la plus conforme à nos aspirations. Car l'État national idéal-typique, dont je parlais tout à l'heure, c'est l'État national dans lequel les citoyens se reconnaissent, qu'ils reconnaissent pour leur, et où, d'autre part, ils sont suffisamment unis par la communauté de culture pour trouver normale et satisfaisante la conjonction de l'unité de culture et de l'unité politique. Les auteurs de la fin du XIXe siècle et du début du XXe siècle avaient raison : lorsque cette coïncidence est possible, elle donne le chef-d'œuvre politique. L'idée nationale ne s'est pas universalisée, parce que les conditions nécessaires pour sa réalisation n'étaient pas données partout, pas même en Europe centrale, encore moins dans de nombreuses régions extra-européennes.

Disons qu'en Afrique, il y a des nationalismes contre l'étranger, des nationalismes en quête de nations ou qui essaient de créer des nations, c'est-à-dire qui, à partir de l'État, essaient de créer l'unité de culture ou l'unité de volonté. Mais, dans la mesure où cette unité n'existe pas, l'État la crée, et, en la créant, il use de certaines formes de violence. Après tout, la violence n'a pas été absente de la création des unités européennes.

Quant à la contestation *transnationale*, je n'en prendrai qu'un ou deux exemples, parce que, si nous voulions aller dans le détail de l'analyse, nous trouverions des problèmes très difficiles. Le marché économique mondial englobe aujourd'hui l'Europe occidentale, les États-Unis, le Japon, l'Australie, la Nouvelle-Zélande en tant qu'États industrialisés du « centre », et un grand nombre d'États dits « périphériques » qui se rattachent plus ou moins à ce marché capitaliste. Ce marché mondial ne comporte pas d'autorité dominante, même dans l'ordre économique et monétaire. Mais l'absence d'une autorité reconnue ne signifie pas que les différents États aient une influence égale sur les décisions qui les affectent tous. Tous les marchés mondiaux, avec convertibilité monétaire, ont toujours comporté une monnaie dominante ; il y avait au XIXe siècle une monnaie dominante qui était la livre, même si elle était rattachée à l'or. Il est évident que c'est le dollar qui a remplacé la livre. Simplement, pour des raisons pratiques, théoriques aussi, les États-Unis ont éliminé l'or, de telle sorte qu'une monnaie nationale est devenue la monnaie transnationale par excellence. Il en résulte certains des phénomènes les plus difficiles à résoudre de l'économie mondiale actuelle et certains ressentiments. Il est normal que les relations, asymétriques, entre les différents États qui participent du marché mondial soient tendues : l'influence qu'exercent les États-Unis sur les autres est hors de proportion avec l'influence que les autres peuvent exercer sur eux. Il en résulte donc que, dans un système qui se réclame du principe d'égalité, certains sont, pour parler comme George Orwell, plus égaux que les autres... Le dollar est une monnaie comme les autres – sauf qu'elle n'a pas d'équivalent. C'est une situation de fait qui peut susciter des commentaires et des protestations, mais tous les États sont condamnés à s'y adapter, car, à moins de participer à une coalition contre l'État à monnaie dominante, chaque État cherche à adapter sa propre politique aux contraintes et aux chances que crée la domination d'une monnaie nationale.

J'ai mentionné ce sujet parce que c'est une contestation presque toujours laissée de côté, ignorée. Elle présente un caractère semi-technique – et je ne l'ai pas traitée techniquement – mais il me paraît intéressant de réfléchir sur le point suivant : au degré d'intégration économique des principaux États, il serait souhaitable d'instaurer dans certains domaines une autorité supranationale qui servirait l'intérêt des États non dominants. Dans un système d'étroite intégration des économies, s'il n'y a pas de « Constitution » du pouvoir, c'est le pouvoir de fait qui s'exerce. Et le pouvoir de fait est nécessairement celui de l'État le plus fort, qui obtient presque toujours, inévitablement, les concours qu'il désire ; il y a toujours un certain nombre d'États qui ou bien ont les mêmes intérêts que lui, ou bien pensent conforme à leur intérêt propre de s'associer aux volontés de l'État dominant.

Cette contestation de l'idée nationale dont on m'avait demandé de parler, est-ce celle que je viens de vous exposer ? Est-ce à cela que pensait Annie Kriegel ? Je ne sais pas, elle me le dira. En tout cas, dans mon système conceptuel, ces contradictions sont en effet les plus caractéristiques de la phase actuelle de l'idée nationale, et j'ajoute : ces contestations, du moins les premières, présentent quelque chose d'assez rafraîchissant : j'ai un certain goût pour les micronationalismes de la liberté et de l'individu. À partir d'un certain point, ces micronationalismes peuvent provoquer la dissolution des nations, mais je ne pense pas que pour l'instant le danger soit grand. La contestation transnationale me suggère l'idée que l'on devrait chercher à institutionnaliser le marché mondial actuel : ce qui perturbe l'économie mondiale, ce qui risque de provoquer des chocs et des conflits, c'est que, pour l'instant, ce marché mondial fonctionne sans règles fixes : le Fonds monétaire international n'existe plus, les institutions créées au lendemain de la guerre ont été dévalorisées par les transformations intervenues ; probablement la création constitutionnelle serait-elle la réponse à ce que j'appelle la contestation transnationale.

Quant à ceux qui reprochent à l'humanité de ne pas être unifiée, je renvoie au XXIIe siècle, puisque même pour le XXIe je ne crois pas que l'unité de l'ensemble de l'espèce humaine soit un projet susceptible d'être examiné sérieusement.

Je vous avais dit pour commencer qu'en dépit de tout, je devrais dire quelques mots du problème d'Israël. Je sais que c'est difficile, chaque fois que j'ai tenté de le faire, je n'ai pas eu grand succès. J'ai devant moi le livre d'un Israélien que j'ai assez bien connu, et beaucoup admiré, Chaim Herzog[13], que j'avais vu plusieurs fois à Jérusalem, auquel j'avais posé des questions sur Israël, les Palestiniens, le droit des Israéliens à s'établir en Palestine. Dans ce livre, ou plus exactement dans un discours qu'il avait fait quelques semaines après m'avoir rencontré, il m'apportait une réponse qu'il ne m'avait pas fournie lors de notre rencontre, m'expliquant alors qu'il était dans l'incapacité de me répondre, ne sachant où me situer. Je représentais en effet à ses yeux un de ces juifs à

13 Herzog, C., *Israel's finest hour*, Tel Aviv, Ma'ariv Book Guild, 1967.

moitié perdus pour le peuple juif, l'un des derniers exemples de l'assimilation. Ceci n'était pas une condamnation – il me reconnaissait par ailleurs un certain nombre de qualités –, plutôt l'expression d'un sentiment de tristesse ; lorsque nous dialoguions, s'adressait-il à un Français ou à un juif ? Il lui était difficile d'admettre qu'il parlait à un juif de nationalité française.

Une fois précisé ce point, en toute sérénité et tranquillité, que dire des rapports des juifs et d'Israël ? Il y a une première manière d'approcher le problème, que je ne puis pas adopter parce que je ne suis pas religieux au sens conventionnel du terme. Le juif croyant qui part de la certitude du caractère unique du destin du peuple juif par rapport à Dieu envisage ce problème dans des termes que je puis comprendre, comme je puis comprendre une religion à laquelle je n'adhère pas, mais qui ne se prête pas à la discussion abstraite ou à l'analyse sociologique. Le caractère religieusement unique ou sacré de l'histoire du peuple juif est une affirmation parfaitement légitime pour le croyant, mais pour le non-croyant, c'est un « fait d'expérience humaine[14] », qu'il respecte et qu'il constate, mais c'est un fait d'expérience humaine qu'il ne peut pas automatiquement accepter dans toutes ses implications. Alors, faut-il dire ou ne faut-il pas dire « peuple juif » ? La question n'aurait un sens sérieux que si l'on pouvait définir rigoureusement ce que l'on entend par « un peuple ». Le fait est que, si l'on observe le destin des juifs à travers les siècles, il y a eu des juifs dispersés dans le Bassin méditerranéen au moment où il y avait un royaume d'Israël, et ces juifs étaient liés les uns aux autres par une religion. Ils sont restés liés les uns aux autres à travers les siècles en raison de circonstances que nous connaissons tous, et, en ce sens, il y a eu entre les juifs qui se reconnaissent pour tels une certaine communauté. Et j'ajoute que, personnellement, je me reconnais pour tel, en ce sens que, citoyen français, je me reconnais en même temps juif : je ne fuis pas ma judéité, et depuis qu'en 1930 je suis arrivé en Allemagne et que j'ai affronté l'hitlérisme, j'ai toujours affirmé que j'étais juif par simple sens de la dignité humaine, et aussi parce que je reconnaissais que j'appartenais à une famille qui était juive, que mes grands-parents appartenaient à une communauté de Lorraine, et que pour des raisons peut-être émotionnelles, peut-être rationnelles, je n'aime pas rompre mes racines : je suis animé du sens de la continuité et de la tradition ; pour l'exprimer plus symboliquement, s'il m'arrivait un jour de revoir mes grands-parents et mes arrière-grands-parents, lesquels se définissaient comme juifs et vivaient leur judéité, je voudrais pouvoir me présenter à eux sans rougir. Une fois cela dit, se déclarer lié aux autres juifs n'implique pas que l'on veuille devenir citoyen d'une nation juive ou israélienne. Ce qui me paraît, outre son histoire paradoxale, la

[14] Raymond Aron reprendra cette image dans *Le spectateur engagé*, cit., p. 313.

singularité de la nation israélienne, c'est qu'elle résulte d'un choix individuel des juifs à travers le monde. Et je considère qu'il y a deux façons aujourd'hui d'être juif en dehors de la religion, l'une est de se déclarer, par décision claire et résolue, citoyen d'Israël, et dans ce cas, on devient citoyen israélien et le problème est réglé. Ou bien on maintient cette communauté que j'ai évoquée, mais en même temps, parce qu'on est né en France, parce qu'on a été élevé dans la culture française, parce qu'on se sent profondément Français, on reste citoyen français. Qu'il puisse en résulter de temps à autre des déchirements intérieurs, cela va de soi. Mais l'argument ne me touche absolument pas. L'argument selon lequel je risque un jour d'être de nouveau persécuté ne me touche pas plus que ne touche un Israélien l'idée que peut-être un jour l'État d'Israël sera détruit par la coalition des États arabes.

Qu'en raison du passé juif, le juif qui se veut français et citoyen français puisse connaître en telle ou telle circonstance des problèmes spécifiques, il serait fou de le nier. Mais refuser cette condition serait refuser la seule condition dans laquelle je puis me reconnaître. Car je ne puis me reconnaître que comme juif, par mes origines, et comme Français, par ma nationalité. Je le serai toujours. J'ai fait de mon mieux au cours de ces dernières années pour rester fidèle, si je puis dire, à cette double fidélité ; elle a été diversement jugée selon les cas, mais j'ai accepté la diversité de ces jugements comme faisant partie de la condition que j'ai choisie, et que j'assumerai.

L'Europe, avenir d'un mythe[1]

Raymond ARON

Voici donc réunis, grâce à la Fondation FVS, les lauréats des prix Robert Schuman, et ceux des prix Montaigne et Goethe, les uns voués à la tâche ingrate de traduire en institutions et en action quotidienne l'idée d'une Europe unie, les autres désireux d'enrichir le trésor commun de notre culture. Peut-être la Fondation, en offrant aux hommes d'État l'occasion de rencontrer des professeurs ou des savants, a-t-elle voulu, par-delà les charmes d'un dialogue fugitif, nous inviter à la réflexion sur l'essentiel. Que signifie aujourd'hui l'idée européenne, l'idée de l'unité européenne ?

Au temps de la chrétienté, une certaine unité naissait d'une foi commune, elle s'exprimait dans une Église et dans les universités, elle n'excluait ni la diversité des ethnies ni les centres du pouvoir, multiples et autonomes. Elle imposait par intermittence la trêve de Dieu, mais non la paix durable ou l'obéissance aux mêmes lois.

Depuis le XVIe siècle, les Européens ont médité le message de Machiavel plus que le message chrétien. Ce message n'a rien perdu de son mystère et de sa force de fascination.

> Machiavel, auteur des plus perspicaces, écrit Spinoza[2], a exposé en détail les mesures précisément auxquelles un Prince emporté par la passion de dominer doit avoir recours afin de prendre et conserver son pouvoir... Peut-être Machiavel a-t-il voulu montrer qu'une masse libre doit à tout prix se garder de confier son salut à un seul homme... Car il est certain que cet homme si sagace aimait la liberté et qu'il a formulé de très bons conseils pour la sauvegarder.

Jean-Jacques Rousseau n'en jugeait pas autrement : « En feignant de donner des leçons aux Princes, Machiavel en a donné de grandes aux peuples. *Le Prince* est le livre des républicains[3]. » Il se peut encore que

---

1 Conférence prononcée au Sénat lors de la remise des prix Robert Schuman, Montaigne et Goethe, le 13 mai 1975, texte publié dans *Cités*, n° 24, 2005, p. 153-168 (Toutes les notes de ce texte sont ici des éditeurs).

2 *Traité politique*, V, 7 (1677).

3 *Du Contrat social*, livre III, chap. VI (1762).

Frédéric de Prusse, alors qu'il n'était pas encore Frédéric II, ait dénoncé, dans son *Anti-Machiavel*[4], les leçons du cynisme et de tromperie que d'aucuns tiraient de cette analyse sans complaisance du train des choses politiques. A-t-il craché dans la soupe pour en dégoûter les autres, ainsi que l'écrivit Voltaire ? Je ne sais. En vérité, le Florentin nous appartient à tous, Italiens mais aussi Anglais, Français et Allemands, il aimait certes la liberté et la République mais il nous a révélé à nous-mêmes ce que nous sommes. À travers les siècles, nous, Européens, n'hésitâmes jamais ni à mobiliser la force et la ruse au service de nos ambitions, ni à défendre par tous les moyens les intérêts, réels ou supposés, de nos royaumes ou États respectifs. Tout au plus suis-je enclin à plaider que la séparation du pouvoir temporel et du pouvoir spirituel, sans nous épargner la tyrannie et la violence, nous protégea de la théocratie et de l'adoration du succès. Les vainqueurs sont les plus forts, ils ne sont pas toujours les plus vertueux.

La diplomatie des États européens s'inspira longtemps d'un machiavélisme policé. Le même Voltaire que je viens de citer, en un sens le plus européen des Français, tant sa gloire traversait les frontières, tant il régnait sur les esprits à Sans-Souci ou Ferney, décrivit ce que notre jargon aujourd'hui appelle le système interétatique avec une fidélité ironique qui, me semble-t-il, garde son charme discret :

> Il y avait déjà longtemps que l'on pouvait regarder l'Europe chrétienne à la Russie près [celle-ci n'est inscrite que depuis 1716 à l'Almanach royal] comme une espèce de Grande République, partagée en plusieurs États, les uns monarchiques, les autres mixtes ; ceux-ci aristocratiques, ceux-là populaires, mais tous correspondant les uns avec les autres, tous ayant un même fond de religion quoique divisés en plusieurs sectes, tous ayant les mêmes principes de droit public et de politique inconnus dans d'autres parties du monde. C'est par ces principes que les nations européennes ne font point esclaves les prisonniers, qu'elles respectent les ambassadeurs et leurs ennemis, qu'elles conviennent ensemble de la prééminence et de quelques droits de certains princes comme de l'Empereur, du roi et des autres moindres potentats et qu'elles accordent surtout dans la sage politique de tenir entre elles autant qu'elles le peuvent une balance de pouvoir, employant sans cesse les négociations, même au milieu de la guerre, et entretenant les uns chez les autres des ambassadeurs ou des espions moins honorables qui peuvent avertir toutes les cours des desseins d'une seule, donner à la fois l'alarme à l'Europe et garantir les plus faibles des invasions que le plus fort est toujours prêt d'entreprendre[5].

---

4 *Anti-Machiavel ou Essai de critique sur le Prince de Machiavel publié par Mr de Voltaire* (1740).

5 *Le Siècle de Louis XIV*, chap. II : « Des États de l'Europe avant Louis XIV » (1751).

Grande République fondée sur les mêmes principes de droit public, balance égale de pouvoir pour interdire aux plus forts toute velléité de monarchie universelle, telle nous apparaît, au siècle des Lumières, la précaire sagesse des souverains d'Europe. Un siècle plus tôt, David Hume admirait, lui aussi, le principe de l'équilibre, *the balance of power*, non sans critiquer la véhémence avec laquelle son pays, l'Angleterre, s'opposait au rival d'alors – à savoir, la France. Et l'on ne cite pas sans quelque malaise, ou malice, les conseils qu'il donnait à cette nation :

> Nous sommes si résolus dans notre opposition à la puissance française, écrivait-il, et si vifs dans la défense de nos alliés que ceux-ci comptent sur nos forces comme sur les leurs propres ; et, confiants de mener la guerre à nos dépens, ils refusent toutes les conditions raisonnables d'un compromis[6].

Hume craignait qu'un excès dans un sens ne suscitât, un jour ou l'autre, un excès de sens contraire. Les Athéniens, le plus belliqueux des peuples de Grèce, reconnaissant qu'ils avaient eu tort de se mêler de toutes les querelles, cessèrent de prêter attention aux affaires étrangères et ne prirent jamais position d'aucun côté en aucun conflit, sinon par leurs flatteries et leur complaisance à l'égard du vainqueur.

Nous savons aujourd'hui que ce système mixte de communauté, de culture et de rivalité politique aboutit à la ruine de l'Europe. Au siècle des Lumières, on l'admirait parce qu'il avait du moins mis un terme aux ravages des guerres de Religion. L'État neutre s'élevait au-dessus des sectes ou des Églises et leur imposait la coexistence pacifique à défaut de la réconciliation. La tempête soulevée par la Révolution française ébranla l'ordre ancien, mais non au point de le renverser. Après la chute de Napoléon, Clausewitz, le plus patriote des patriotes prussiens, le plus intransigeant de ceux qui travaillèrent au relèvement de leur patrie après Iéna, plaidait encore, dans *Vom Kriege*[7], la cause de l'équilibre européen ; il discernait, dans l'histoire de mille années, une tendance à l'équilibre, seul capable de rendre compte non des anecdotes mais des grandes lignes de ce passé. Comment expliquer la permanence côte à côte des mêmes États au long des siècles si l'ensemble lui-même ne réagit pas aux ambitions des perturbateurs, si le sens de l'intérêt commun ne forge pas contre le candidat à l'empire universel une coalition irrésistible ? Seul le partage de la Pologne viole en apparence le principe non écrit de la Grande République, pour reprendre l'expression de Voltaire, mais, écrit Clausewitz, un État dont la survie ne dépend plus que de l'extérieur est condamné : c'est trop que de demander aux autres de protéger seuls notre propre existence.

---

6 « De la balance du pouvoir » (1752), in *Discours politiques*.

7 *De la guerre* (1832-1834).

Le fameux stratège, au milieu même de la lutte contre Napoléon, alors qu'il rêvait d'armer le peuple et de déclencher la guérilla, n'abandonnait pas l'espoir d'une Europe pacifiée dans laquelle tous les peuples tiendraient la place que leur assigne la nature. À quoi bon reconstruire ou ignorer l'histoire ? L'Europe qui partit à la conquête des continents lointains, l'Europe qui sembla absorber en son sein le sort du genre humain refusait toute autre unité que celle de quelques principes, elle s'exaltait de ses rivalités. À la fin du siècle dernier, les historiens allemands saluaient, dans l'État national qui portait le glaive et la balance de la justice, le suprême accomplissement de l'humanité, le chef-d'œuvre des siècles. Les historiens français, avec moins d'enthousiasme parce qu'ils avaient conscience du déclin relatif de leur nation, professaient une philosophie à peine différente. Toujours je me suis fait une certaine idée de la France. Chaque Européen se faisait une certaine idée de sa patrie et de sa destination. Étrange moment de la pensée européenne : tous les Européens avaient conscience de la force du sentiment national. Les doctrinaires de la guerre absolue, d'un côté comme de l'autre du Rhin, le maréchal von der Goltz et le maréchal Foch, en concluaient à la quasi-impossibilité de vastes conquêtes sur le Vieux Continent : ils n'en affirmaient pas moins la fatalité d'une lutte poussée jusqu'aux extrêmes au terme de laquelle un des belligérants, abattu ou épuisé, subirait la loi du vainqueur. En cette guerre absolue, plus question de continuer les négociations au milieu même des combats, et le souvenir du même fond de religion et des mêmes principes de droit public se perdrait dans le déchaînement des passions.

Que l'Europe des nationalités ait pesé dans la guerre de 1914-1918 comme la Grèce des Cités dans celle du Péloponnèse, la comparaison est devenue une sorte d'image d'Épinal, traduction vulgaire des visions d'un Spengler ou d'un Toynbee. En relisant la littérature française et allemande des années qui précédèrent la catastrophe, j'ai trouvé un opuscule, presque oublié, d'un historien célèbre, Hans Delbrück, qui a pour titre *La stratégie de Périclès éclairée par la stratégie de Frédéric II*[8]. Athènes confrontée à la coalition de Sparte et de Thèbes ne devait pas chercher une victoire décisive mais limiter ses ambitions, décourager la volonté de vaincre de ses ennemis. Et Delbrück, à la fin du siècle dernier, adressait aux dirigeants du IIe Reich les mêmes conseils que Thucydide met dans la bouche de Périclès. Que l'Allemagne ne dispute pas à la Grande-Bretagne la maîtrise des mers, qu'elle tienne tête à ses adversaires et garde sa prédominance sur terre ; elle répétera l'exploit de Frédéric II, triomphant à la fin de la guerre de Sept Ans parce qu'il n'avait pas succombé. La brochure de Delbrück date de 1890, presque

8 *Die Strategie des Perikles erlautert durch die Strategie Friedrichs des Grossen* (1890).

contemporaine de l'accession du comte Schlieffen à la tête du Grand État-Major et de la substitution d'un plan de guerre offensif aux plans défensifs que Moltke l'ancien avait conçus dans le cas d'une guerre contre l'alliance franco-russe.

La Russie était inscrite à l'Almanach royal depuis 1716. Elle sortit de l'Europe en 1917. Non parce que les bolcheviks se réclamaient du marxisme, la critique du capitalisme et du productivisme appartient à la pensée européenne et, de même, l'espoir d'un ordre plus équitable que celui qui sort des seuls mécanismes du marché. Non parce qu'ils cherchèrent une autre méthode d'industrialisation que celle qu'avaient suivie les nations de l'Occident : les pionniers frayent la voie, ceux qui viennent après eux sautent parfois des étapes ou bien tirent la leçon de l'expérience. Ce qui mit l'Union soviétique en dehors de la tradition européenne, ce fut la transfiguration d'une idée partisane en fondement d'un État et, de ce fait, la formation progressive d'un régime idéocratique, combinant un despotisme bureaucratique avec une doctrine à prétention universelle. En 1933, l'arrivée au pouvoir de Hitler et du national-socialisme achevait de déchirer la Grande République. L'Allemagne nazie raciste, vouée à la guerre de conquête ou d'extermination, appartenait moins encore à l'Europe. Pour parer au péril de ce que les hommes du XVIIIe siècle appelaient monarchie universelle, l'alliance des seuls Européens manquait des forces nécessaires. L'Europe des nationalités était déjà morte en 1918, mais elle ne le savait pas encore. En 1945, elle ne pouvait pas l'ignorer. L'idée européenne, l'idée d'unité européenne sortit du désastre, tout à la fois évidente et paradoxale.

Quoi de plus raisonnable de réconcilier les nations ex-grandes d'Europe occidentale en vue de l'effort en commun de reconstruction ? Quoi de plus paradoxal que l'entreprise historique de créer une entité politique portant le nom géographique d'un continent, unité qui n'avait jamais existé au temps de la grandeur des États entre lesquels se divisait le continent ? Selon les livres de classe, celui-ci s'étend de l'Atlantique à l'Oural. Aucun continent n'est destiné par la nature, la géologie ou le climat à constituer une unité politique. Et si le général de Gaulle évoquait volontiers l'Europe de l'Atlantique à l'Oural, il ne crut jamais, au moins lorsqu'il exerça le pouvoir, aux États-Unis d'Europe. Un des premiers, pendant la guerre, à évoquer la réconciliation avec l'ennemi et l'organisation des États d'Europe occidentale, il opposa, me semble-t-il, un scepticisme, inflexible sinon méprisant, au rêve d'un État auquel les Européens voueraient la même allégeance qu'ils vouaient naguère à leur État national. Il n'a jamais imaginé que les Européens se feraient demain une certaine idée de l'Europe comparable à celle qu'il se fit toujours lui-même de la France.

Avouons-le : l'histoire lui donne raison bien que ses adversaires puissent lui reprocher, à lui qui exerça une magistrature morale au-delà de la puissance de la République à laquelle il présidait, d'avoir contribué à l'accomplissement de sa prophétie. La Communauté européenne des Six, des Sept ou des Neuf existe, d'une existence toujours menacée, plus résistante aux coups que les pessimistes ne le pensent, mais cette communauté demeure aussi éloignée qu'il y a dix ans, probablement même plus, des États-Unis d'Europe. Communauté commerciale, économique avec des velléités d'action politique. Faut-il conclure que le mythe de l'Europe unie est mort ou qu'il agonise ? Meurt-il à cause de sa réalisation, aussi imparfaite soit-elle ? Ou par suite de l'épuisement du rêve qu'il éveillait, des émotions qui le nourrissaient ?

J'ai pris le mot de « mythe » au sens où l'entendait Georges Sorel, celui d'une représentation vague d'un avenir passionnément souhaité, avenir peut-être inaccessible mais source d'inspiration et de volonté. En ce sens, je crains qu'effectivement l'idée européenne ait perdu sa valeur de mythe pour les raisons mêmes que Jean Monnet suggère entre les lignes de la lettre par laquelle il prend congé du Comité d'action. Une certaine Europe existe désormais qui, comme toute réalité, glisse vers le prosaïsme de la vie quotidienne et de la politique démocratique. L'Europe qui n'existe pas, l'Europe politiquement unie, je crains qu'elle ne soit plus une idée-force ; elle ne suscite plus ni enthousiasme ni hostilité – pire infortune pour un projet politique qui ne peut pas plus se passer d'adversaires que de partisans.

Tâchons de comprendre avant de juger et surtout avant de chercher la voie de l'action. Quel objectif attribuait en priorité Winston Churchill à l'entreprise d'unification européenne, entreprise à laquelle il invitait non les siens, mais les Continentaux ? Quel conseil donnait-il aux Français dans son fameux discours de Zurich ? Il importait, d'abord et avant tout, de surmonter les conflits historiques, d'effacer les amertumes, de ramener l'Allemagne de l'Ouest, après la tragique parenthèse du national-socialisme, dans la famille des nations libres. Le partage de l'Europe en deux camps mettait inévitablement une partie de l'Allemagne et de la France dans le même camp. Il dépendait des Français et des Allemands que la contrainte extérieure se transmuât en volonté. Il en fut ainsi : à partir d'une contrainte, les deux peuples sont parvenus non pas tant à oublier le passé, ce qui n'est ni possible ni souhaitable, qu'à vouloir ensemble un certain avenir.

En 1949, au moment de la signature du pacte de l'Atlantique nord, en 1950, au moment où Jean Monnet et Robert Schuman, relayés par Konrad Adenauer et De Gasperi, lancèrent le projet du pool Charbon-Acier, de quoi s'agissait-il, sinon de hâter le relèvement économique de toute l'Europe occidentale dans des conditions telles que la prospérité de l'un apparût à tous les autres non comme une menace mais comme une promesse ? Là encore, comment méconnaître le chemin parcouru ? Les dirigeants de l'économie française attendent la reprise de l'économie allemande parce que celle-ci offre les meilleures chances à la reprise de notre propre économie. Les spéculations des futurologues sur le rapport des produits nationaux ou des tonnes d'acier d'ici à dix ou quinze ans laissent les opinions, des deux côtés du Rhin, sagement indifférentes.

Bien plus, les échanges intercommunautaires deviennent de plus en plus comparables au commerce intérieur d'un grand espace, par exemple le grand espace nord-américain, sinon des seuls États-Unis. La Communauté, grâce au tarif extérieur commun, constitue une entité douanière qui négocie en tant que telle les accords tarifaires avec les autres pays. La politique agricole commune, en dépit de ses ratés, en dépit de ses embarras qui résultent des taux de change flottants, comporte une certaine sorte d'unité économique. Les jeunes de tous nos pays, s'ils ne rêvent peut-être plus des États-Unis d'Europe, ne se souviennent plus guère des frontières entre nos États : quand vient l'été, ils se promènent à travers leur Europe, avec les mêmes cheveux longs et les mêmes blue-jeans.

Pourquoi, dès lors, la morosité ? Pourquoi le sentiment d'échec ? On pourrait répondre : parce que rien n'échoue comme le succès, parce que l'intervalle subsiste entre le projet et la réalisation. Je crains pourtant que d'autres causes, plus profondes, n'agissent.

L'ouverture des frontières entre les pays de la Communauté provoqua, en même temps que des échanges plus intenses, une concurrence plus vive. Le regroupement des entreprises, la création de certaines firmes, de grandes dimensions, porte-drapeau du pays, donnèrent l'impression d'une Europe des industriels, liés entre eux ou liés à un État national, plus que d'une Europe des peuples ou même des syndicats ouvriers. Les syndicats de producteurs agricoles, en revanche, apprirent les uns des autres ou tous ensemble l'art des protestations spectaculaires ou de la contestation modérément violente.

D'aucuns, en Europe et aux États-Unis, pensaient que la constitution communautaire, habilement conçue, susciterait d'elle-même un dynamisme irrésistible. Des sociologues américains exprimèrent la théorie de l'intégration fonctionnelle : ils se trompaient. La politique agricole commune rendait souhaitables les taux de change fixes : elle n'a pas empêché les manipulations monétaires. Elle résiste vaille que vaille à des taux de change flottants. En réalité, la Communauté ne fonctionne, elle ne progresse que grâce à la volonté des gouvernants. Que cette volonté s'affaiblisse et les obstacles deviennent insurmontables. Qu'elle disparaisse et il ne reste plus qu'une bureaucratie internationale.

Or, pourquoi le nier ? Les plus fervents des Européens s'interrogent sur la permanence de cette volonté, sur le soutien que les responsables peuvent recevoir des opinions publiques, sur les objectifs prochains et accessibles. Disons d'abord que le référendum du mois prochain[9], qui donnera probablement une majorité aux partisans de la Communauté, n'en a pas moins porté un coup moins aux institutions qu'à l'idée. Le traité de Rome ne prévoyait pas, si mes souvenirs ne m'abusent pas, l'éventualité du retrait. Bien entendu, tous les traités entre États souverains comportent toujours implicitement – les juristes nous l'affirment – la clause *rebus sic stantibus*. Personne ne songe à recourir à la force pour maintenir un pays récalcitrant à l'intérieur de la Communauté. Il n'y aura pas de guerre européenne de Sécession à moins que l'on ne donne cette signification aux deux guerres du XXe siècle. Il reste que le caractère irrévocable de l'adhésion, hypothèse de base, a été pour la première fois remis en cause : exemple fâcheux dont un vote positif des électeurs anglais limiterait les dégâts.

Un Européen de stricte obédience, un fidèle de Jean Monnet et de Robert Schuman me répliquerait que la France aussi a donné le mauvais exemple, que la France fait, en maintes occasions, cavalier seul, que les gouvernements de la Ve République, à coup sûr favorables à une certaine unité de l'Europe occidentale, la conçoivent d'une certaine manière et ne coopèrent qu'à condition d'obtenir l'assentiment de leurs partenaires à leur conception propre. Objection valable mais qui ouvre le vrai débat. De vieilles nations, des États nationaux ne sacrifient pas une part de leur souveraineté – objet de tant de soins jaloux – par amour de l'Europe. Personne n'aime encore l'Europe comme on aime son village ou sa patrie ou son parti. L'Europe est une entité géographique ou une abstraction ou un moyen en vue de quelque chose, à la rigueur le nom donné à une organisation politique qui ne se confondra pas avec l'entité géographique. Je me crois volontiers Européen parce que je me sens chez moi à Londres aussi bien qu'à Paris, à Florence comme à Tübingen. Mais, en ce sens, les hommes cultivés du siècle des Lumières, probablement même des clercs de la chrétienté, étaient de meilleurs Européens que nous. La nationalisation des cultures, au XIXe et XXe siècle, a progressé bien plutôt que régressé. Nos universités sont restées françaises, allemandes ou italiennes, non européennes à moins qu'on ne les juge européennes parce qu'elles souffrent, à un degré ou à un autre, des mêmes défauts.

Je repose la question : pourquoi l'Europe ? En vue de la prospérité économique : à cet égard, les résultats obtenus suffisent et c'est l'espace

9 Il s'agit du référendum britannique sur le maintien du Royaume-Uni dans la Communauté européenne.

atlantique bien plutôt que l'espace européen qui offre le cadre approprié à la solution des problèmes monétaires ou énergétiques. En vue de la réconciliation de ceux qui se sont ruinés ensemble à force de combattre ? Objectif atteint, répond l'officier de quart. Un peu plus ou un peu moins d'unité économique ne modifiera guère les relations amicales ou querelleuses entre les classes à l'intérieur des nations ou entre les nations.

L'entreprise de Jean Monnet, de Robert Schuman, de De Gasperi, de Konrad Adenauer visait à surmonter un certain passé en tournant les regards des survivants vers l'avenir – un avenir qui se définissait par rapport à l'Union soviétique et aux États-Unis – ; ce qui a changé, depuis vingt-cinq ans, dans la conscience des Européens, surtout des jeunes générations, c'est l'image des deux Grands. De là suit la discorde entre les partenaires de la Communauté et le risque de paralysie.

À condition de s'en tenir à des abstractions, on pourrait suggérer la constance du projet. L'Europe occidentale, face à la zone dominée par l'Union soviétique et occupée par des régimes inspirés de celui de Moscou, se veut libérale, capable de résister à la pression interne et externe, grâce à la prospérité, grâce à l'efficacité supérieure des économies mixtes. À la fois barrière et modèle : elle entend démontrer qu'il n'y a pas de contradiction entre le marché et la justice sociale, entre la critique permanente et la productivité, entre la liberté des nations et leur coopération. Aux États-Unis, elle ne s'oppose pas dans le même style ; selon la formule consacrée, elle veut affirmer son identité ou encore se différencier. Si nous passons des conventions à la vérité, je crains qu'il ne faille tenir un autre langage.

Les Européens de l'Ouest n'éprouvent certes pas la moindre tentation de passer de l'autre côté de ce qu'on appelait le rideau de fer, mais, sauf par intermittences, ils ne craignent plus le soviétisme, cristallisé en une communauté apparemment conservatrice. Beaucoup d'entre eux, surtout en France et parmi les intellectuels en tous les pays, manifestent davantage leur nationalisme – ou ce qu'il en reste, à l'égard des États-Unis qu'à l'égard du monde soviétique. L'opinion, longtemps orgueilleuse des miracles économiques, en découvre aujourd'hui le prix. Le thème qui suscite l'intérêt ou la passion, ce n'est pas l'unité européenne, c'est la lutte contre la pollution ou un nouvel ordre économique mondial, la protection de la nature ou l'aménité dans les rapports humains. L'unité européenne, historiquement liée à ce que l'on appelle la croissance sauvage, souffre du même discrédit que cette dernière. Les enfants gâtés de l'Europe accablent de leur mépris, parfois même de leur hostilité l'œuvre accomplie par leurs pères. C'est vers les peuples qui ne jouissent pas encore des bienfaits équivoques de l'industrialisme que se tournent leurs regards – ces peuples qui souhaitent, eux, à leur tour, les bienfaits équivoques dont, il y a une dizaine d'années, les Européens tiraient naguère tant de fierté.

Ne prenons pas au tragique les intermittences de l'opinion en démocratie, toujours amplifiées, dramatisées par la presse, la radio, la télévision. L'opinion demeure indisponible à l'égard de l'unité européenne en raison même de son détachement, je dirais presque : de son désintérêt. Elle ne suscitera pas les initiatives des Princes qui nous gouvernent. Elle ne s'y opposera pas non plus.

Quelles initiatives ? Disons-le. Les projets des années 1970 n'ont pas facilité la tâche parce que certaines tentatives étaient condamnées dès l'origine. Sans entrer dans des considérations techniques qui seraient hors de saison, personne ne pouvait ignorer que le maintien de taux de change constants entre les monnaies européennes – ou de marges réduites de flottement – exigeait pour le moins des politiques compatibles entre elles à l'intérieur de chacun des pays. Si tel pays préfère un taux de croissance élevé quitte à s'accommoder d'un taux d'inflation supérieur et que tel autre pays établit un ordre différent de priorité, des déclarations, si solennelles soient-elles, sur l'unité monétaire resteront lettre morte et nuiront même au prestige des hommes d'État : à quoi bon se donner des objectifs inaccessibles ? On prête le flanc à deux accusations : on manque de savoir si l'on y croyait, on manque de sérieux si l'on n'y croyait pas.

De toute manière, la phase dans laquelle sont entrées les économies de l'Occident, depuis l'effondrement du système monétaire de Bretton Woods en 1971, l'inflation à deux chiffres de 1973, la récession qui suivit longuement en 1974 et 1975, aggravée par la hausse des prix de l'énergie, tous ces événements créent un contexte international peu favorable à l'entreprise de l'unité européenne. De 1950 à 1970, en dépit de tout, l'Europe, l'Occident ont connu la période la plus prolongée de l'histoire d'une expansion presque continue, à un taux exceptionnellement élevé. Le risque existe qu'au cours des prochaines années toutes les économies de l'Occident subissent des alternances du style *stop and go*, dont certaines d'entre elles ont déjà l'expérience.

Les économies européennes qui souffrent toutes des mêmes maux n'en sont pas toutes atteintes au même degré. Les réformes en profondeur que requiert peut-être l'économie de la Grande-Bretagne, ni le Conseil des ministres ni les fonctionnaires de Bruxelles ne peuvent les imposer, à peine les suggérer ou les connaître. Il n'en va pas autrement des difficultés politiques dans lesquelles se débat l'Italie. L'unification ne peut résoudre les contradictions des histoires nationales. Moins porté à l'optimisme que d'autres, je suis enclin plutôt à m'étonner que la Communauté ne résiste pas plus mal aux coups répétés que lui portent les choses et les hommes, les exportateurs de pétrole et les turbulences du Parti travailliste, les querelles byzantines sur l'Europe européenne et l'Europe atlantique.

Querelles byzantines qui dissimulent un enjeu authentique, me répondra un contradicteur et je n'en disconviens pas. En termes simples, la question est la suivante : quelle expression peut trouver, doit trouver la volonté européenne d'identité dans le cadre du monde atlantique ? Laissons provisoirement de côté l'identité culturelle : elle ne se décrète pas sur commande, elle n'obéit pas aux lois des parlements ni aux ordres des ministres, elle existe ou elle n'existe pas. Restons sur le terrain de la politique ou de l'économie – terrain sur lequel s'est développée l'entreprise européenne.

Celle-ci comporte une entité douanière, qui participe en tant qu'unité aux négociations commerciales. À cet égard, tous les membres de la Communauté acceptent de définir un intérêt commun, non sans de laborieux pourparlers, avant d'en venir aux négociations avec les États-Unis ou les autres membres du GATT. La politique commerciale de la Communauté, les accords méditerranéens ont suscité des protestations américaines ; ils ne respectent pas la clause de la nation la plus favorisée. De manière plus générale, me semble-t-il, les dirigeants des États-Unis ont cessé de soutenir activement l'entreprise européenne. Tous l'approuvent en paroles, nombre d'entre eux en prennent ombrage pour des motifs qu'il vaut la peine de tirer au clair.

Il était entendu, outre-Atlantique, que l'unité européenne entraînerait quelques sacrifices d'ordre économique pour les États-Unis, mais qu'à terme la prospérité du Vieux Continent profiterait à celle du Nouveau Monde et qu'en tout état de cause elle élèverait un barrage plus solide à l'expansion du communisme. Les dirigeants américains sont plus sensibles aujourd'hui qu'hier aux inconvénients économiques : au cours des vingt-cinq dernières années, les économies européennes ont progressé à une allure accélérée ; la marge de supériorité de l'économie américaine qui reste la première du monde s'est réduite. Le souci d'un excédent commercial pèse sur l'esprit et la conduite des responsables.

Je ne pense pas malgré tout que là se situe le noyau dur du dialogue transatlantique. Les pays d'Europe occidentale se trouvent dans une situation géopolitique sans précédent : proches de l'*imperium* soviétique, ils appartiennent à la zone d'influence, au système commercial, monétaire, économique à l'intérieur duquel les États-Unis tiennent la première place. Bien plus, ils doivent leur sécurité, l'équilibre des forces militaires maintenu depuis trente ans à la présence sur le Vieux Continent de la République américaine. À mesure que l'Union soviétique perd son visage menaçant, que l'image des États-Unis se détériore, que grandit l'humiliation à peine consciente de la dépendance, les émotions nationales se transfèrent insidieusement d'un objet à l'autre. Est-ce contre le protecteur que doit s'affirmer l'identité européenne ou contre l'autre, contre l'empire tout proche qui conserve tant de connivences dans la place et qui attend son heure ? L'indépendance de l'Europe, par rapport à qui ou à quoi doit-elle s'affirmer ? Par rapport à Moscou, par rapport à Washington ou par rapport à l'OPEP ? À force de clamer son vouloir d'indépendance, l'Europe occidentale glisse vers une triple dépendance.

Que faire ? L'idée européenne a toujours comporté trois traductions, ou encore trois domaines de réalisation. D'abord, le renforcement de la structure interne de la Communauté, en matière économique ou éventuellement politique et militaire. En deuxième lieu, l'action commune des Neuf ou de la Communauté vers l'extérieur, accords douaniers, réorganisation de l'ordre économique ou monétaire mondial. Enfin, une diplomatie commune, en période de crise ou sur des sujets qui affectent la politique mondiale. En chacun de ces domaines, que peut-on vouloir ou espérer ?

Dans l'abstrait, chacun souhaiterait que les Européens fussent capables de se donner les moyens de leur propre défense. Ils ne manquent ni du savoir scientifique ni du savoir-faire technique ni des ressources financières. Mais certains d'entre eux s'accommodent de la situation actuelle ou laissent aux Américains la responsabilité majeure, puisque, de toute manière, leur propre contribution serait modeste. De plus, ceux qui consentiraient aux efforts nécessaires ne s'accordent pas sur la méthode. Le gouvernement français et sa majorité excluent le retour dans le commandement intégré de l'OTAN. Ce refus n'empêche pas certaines modalités de coopération européenne, en matière de fabrication d'armes ou de plans stratégiques dans le secteur central. Malgré tout, les progrès, théoriquement possibles, demeurent circonscrits à l'intérieur d'un espace étroit que délimitent, d'un côté, la volonté française d'une défense autonome, de l'autre, la volonté de nos partenaires de ne pas affaiblir l'Alliance atlantique déjà routinisée.

S'agit-il de renforcer la structure économique de la Communauté ? Là encore, admettons que les eurocrates, par leur patience et leur travail, contribuent à l'harmonisation des législations, que les règlements relatifs aux poids sur essieu des camions deviennent les mêmes des deux côtés de la Manche. L'essentiel n'est pas là et l'essentiel dépend des gouvernements nationaux. Celui de la France souhaiterait maintenir le franc dans le Serpent, mais pas au prix d'un chômage accru. Il consentit à un taux d'inflation double de celui de l'Allemagne. Le franc va rentrer dans le Serpent et le gouvernement s'engage par là même à une politique rigoureuse. Espérons que cette volonté résistera à la prochaine tempête. Au même moment le taux d'inflation en Grande-Bretagne atteindra, cette année, 25 %, quatre fois le taux allemand, deux fois et demi le taux français. La Communauté ne possède pas la capacité miraculeuse de transformer le plomb en or pur et les monnaies malades de l'inflation en une monnaie européenne. Tant que la maladie persistera, il faudra – et la chose n'ira pas toujours sans peine – sauver l'acquis communautaire, prévenir le retour aux quotas et aux droits de douane.

Les Européens peuvent-ils, veulent-ils agir en commun vers l'extérieur ? Pendant une vingtaine d'années, l'économie occidentale tout entière a prospéré sous la protection, dans le cadre des règles de Bretton Woods et du GATT. Il est loisible de discuter ces règles, d'en mettre en question l'équité, de juger qu'elles favorisaient les uns plus que les autres. Il reste que tous les pays développés en ont tiré profit et lui ont dû pour une part leur prospérité.

Ces règles n'existent plus – ni les règles monétaires ni les règles commerciales. Le dollar reste la monnaie transnationale par excellence. C'est elle qui sert encore d'unité de compte et d'instrument d'opération. Mais je ne crois pas qu'elle puisse continuer à jouer ces rôles multiples. La livre en 1931, le dollar en 1971 ont changé de caractère bien que l'une depuis quarante ans, l'autre depuis cinq ans gardent partiellement leur fonction ancienne – le dollar de toute évidence bien plus que la livre. Dans cette recherche d'un nouvel ordre ou de nouvelles règles, les Européens devront à coup sûr assumer des responsabilités à la mesure de leur part dans le commerce mondial. Mais il n'y a pas de raison évidente pour laquelle ils s'accorderaient entre eux plus et mieux que certains d'entre eux avec les Américains. La réorganisation de l'économie internationale suscite des controverses techniques autant que des oppositions d'intérêts.

Les Neuf sont-ils du moins en mesure de définir une politique extérieure commune, complémentaire bien que différente de celle des États-Unis ? La tâche incombe aux diplomates et elle exige beaucoup de leur tact, de leur ingéniosité. Les premières tentatives, au moment de la guerre du Kippour ou de la création de l'Agence de l'Énergie, n'ont que médiocrement réussi. Le secrétaire d'État américain a jugé que les déclarations des Neuf, suscitées par le désir d'apaiser les détenteurs de l'or noir, gênaient plus qu'elles n'aidaient ses propres efforts de médiation dont le succès répond à l'intérêt bien entendu des Européens. Une nouvelle bataille au Proche-Orient les atteindrait de plein fouet.

Je crois, cependant, qu'en maintes affaires les Européens, s'ils ont gardé le sens de la diplomatie, apporteront ensemble une contribution propre, spécifique à la recherche de relations pacifiques en évitant le Charybde de la confusion avec l'action des États-Unis et le Scylla de l'opposition systématique. À l'époque de la décolonisation, les Européens servaient de cible à l'indignation anticolonialiste. Depuis la fin des empires européens, les États-Unis ont pris leur place en tant que bouc émissaire. Il y a vingt ans, ils prenaient quelque distance par rapport à nous. Aujourd'hui, nous prenons quelque distance par rapport à eux. Échange de loyaux services et de mauvais procédés.

La politique américaine possède toutes les cartes que donne la puissance, la richesse. Mais les Européens, à l'égard des pays arabes ou de l'Espagne ou du Portugal, ensemble de préférence, individuellement s'il le faut, ont un rôle à jouer que les Américains ne peuvent pas jouer. Quand il s'agit de relations commerciales ou intellectuelles entre les peuples du Vieux Continent et les peuples du Moyen-Orient et de la Méditerranée, les Européens ne se présentent pas en partenaires de la République américaine, mais avec leurs traditions, leur culture, leur volonté propres.

Les événements du Portugal, ceux, demain, de l'Espagne exerceront sur l'avenir de la Communauté une influence dont l'opinion semble aujourd'hui inconsciente. Si les deux pays de la péninsule Ibérique évoluent dans le sens de la démocratie libérale, s'ils rejoignent les pays de la Communauté, celle-ci y trouvera une nouvelle raison d'être ; en revanche, si le Portugal et l'Espagne ne parviennent pas à trouver un équilibre entre les régimes d'hier – autoritaires mais non totalitaires – et les régimes populaires mais despotiques dont les menacent les forces longtemps comprimées et aujourd'hui déterminées, l'étroite marge du Vieux Continent que nous avons pris l'habitude d'appeler Europe sera encerclée de tous côtés, au sud comme à l'est, par d'autres Européens qui, volontairement ou sous la contrainte, refusent la culture politique que la Communauté continue d'incarner.

Ai-je été trop pessimiste ? Trop optimiste ? Je ne sais. Le projet raisonnable – le travail en commun de tous les Européens qui se trouveraient d'un côté de la barricade – a été réalisé dans toute la mesure où la réalisation peut accomplir un projet. Le projet paradoxal – profiter de l'occasion, de la fin de la grandeur européenne pour créer une unité politique que les nations avaient toujours refusée au temps de leur gloire – ne l'a pas été. La période de crise à la fois morale, économique, politique dans laquelle est entré l'Occident tout entier ne favorise pas les pensées ambitieuses et les entreprises à longue portée. L'histoire n'avance pas en ligne droite. Depuis quelques années, Toynbee murmure probablement *History is again on the move*. Gardons le sens de la mesure. Les États-Unis d'Europe, les Européens en ont rêvé, il y a vingt-cinq ans, mais sans y croire tout à fait – au moins la majorité d'entre eux. Pourquoi ? Peut-être parce que ces États-Unis ne répondent pas à une exigence de prospérité. L'unification européenne telle qu'elle existe suffit à créer l'équivalent d'un grand marché, pourvu, encore une fois, que l'acquis ne soit pas remis en question. Les États-Unis d'Europe, unité politico-militaire capable de se mesurer à l'Union soviétique et aux États-Unis ? La plupart des Européens renoncent volontiers à la charge de cette sorte de grande politique, celle qui s'écrit avec le sang des hommes. Au reste, pensent-ils, même unie, l'Europe de l'Ouest manquerait de l'espace, des matières premières, des armes nucléaires qui définissent aujourd'hui le Super Grand.

La vocation de l'Europe, dans le monde d'aujourd'hui et de demain, implique une conscience historique, mais non plus peut-être les obligations de la politique de puissance. L'Europe a transmis ses idées, les secrets de la puissance au monde entier. Pourquoi éprouverait-elle un sentiment de défaite ? Elle n'a été vaincue que par elle-même, par ses guerres sans limites.

Lieu de naissance de la civilisation à la fois industrielle et libérale, qui combine l'efficacité technique et la liberté des personnes en une organisation à échelle humaine, que l'Europe continue d'incarner ses propres idéaux, qu'elle travaille à rapprocher les peuples pauvres et riches, désormais engagés dans une seule et même aventure. L'Europe a péri de n'avoir pas une politique digne de sa culture. Revenue de ses folies impériales, elle doit garder les moyens politiques de sauvegarder les idées historiques qu'elle incarne jusqu'au jour où s'effacera la ligne – accident de l'Histoire – qui sépare Varsovie et Budapest de Paris et de Rome. Ce jour-là, le jour des retrouvailles européennes, nos enfants ou nos petits-enfants le vivront. Il leur incombera de donner à l'Europe unie de la culture une politique digne d'elle.

Notices biographiques des auteurs

Nicolas Baverez, ancien élève de l'École normale supérieure, auteur d'une thèse sur le chômage dans les années 1930, est économiste et historien, tout en assurant des fonctions d'éditorialiste au *Point* et au *Monde*. Il a publié plusieurs livres dont *Après le Déluge : essai sur la grande crise de la mondialisation* (Perrin, 2009), *En route vers l'inconnu* (Perrin, 2008), *Que faire ? Agenda 2007 ?* (Perrin, 2006), *Nouveau Monde, Vieille France* (Perrin, 2006), introduction à *Raymond Aron : penser la liberté, penser la démocratie* (Gallimard, « Quarto », 2005), *La France qui tombe* (Perrin, 2003), *Raymond Aron, un moraliste au temps des idéologies* (Flammarion, 1993). Il est membre du Comité de direction de la revue *Commentaire* et du Comité directeur de l'Institut Montaigne.

Agnès Bayrou est doctorante en théorie politique à l'École doctorale de Sciences-po. Elle est diplômée de l'Institut d'Études politiques de Paris et titulaire d'une licence de philosophie. Depuis 2008, elle enseigne la science politique à l'Institut d'Études politiques de Lille. Dernière publication : « Découvrir le totalitarisme. Parcours intellectuel de Leszek Kolakowski » (*Revue française d'Histoire des Idées politiques*, n° 31, premier semestre 2010).

Giulio De Ligio est docteur de recherche en histoire de la pensée politique de l'Université de Bologne. Il poursuit aussi depuis quelques années ses recherches au Centre Raymond Aron de l'EHESS de Paris. Il enseigne actuellement à l'Université pour étrangers de Pérouse. Parmi ses publications, citons *La tristezza del pensatore politico. Raymond Aron e il primato del politico* (Bononia University Press, 2007). Il a traduit et présenté en italien certaines œuvres de Raymond Aron et Pierre Manent. Il est membre du Comité de rédaction de la *Rivista di politica* (Rome) et secrétaire général de l'Istituto di politica (Rome-Pérouse). Il a reçu en 2007 le Prix Raymond Aron.

Olivier de Lapparent est chercheur associé à l'IRICE (Identités, Relations Internationales et Civilisations de l'Europe, UMR 8138, CNRS-Paris I-Paris IV). Ses travaux s'inscrivent dans la problématique large de la perception de l'Europe (construction, idée, sentiment) chez les intellectuels après 1945. Il est notamment l'auteur de *Raymond Aron et l'Europe, itinéraire d'un Européen dans le siècle* (Peter Lang, « Convergences », 2010).

Joël Mouric, né en 1965, agrégé d'histoire et docteur en histoire contemporaine, est professeur d'histoire et de géographie en sections européennes (allemand et anglais) au lycée de l'Iroise à Brest. Il a séjourné à maintes reprises en Allemagne, en RDA et en RFA, avant comme après la réunification. Sa thèse, dirigée par Fabrice Bouthillon, et soutenue en 2010 à l'Université de Bretagne occidentale devant un jury présidé par Jean-François Sirinelli, est intitulée *Raymond Aron et l'Europe 1926-1983. La République des Lettres et le mythe politique*. Il a reçu le Prix Raymond Aron en 2011.

Matthias Oppermann enseigne l'histoire contemporaine à l'Université de Potsdam. Ses recherches portent principalement sur l'histoire de la pensée politique française et anglaise aux XIXe et XXe siècles. Il est en train de travailler sur une thèse d'habilitation sur l'idée de la modération dans la pensée politique des *Liberal Tories* anglais et des doctrinaires français entre 1789 et 1850. Parmi ses publications, citons *Raymond Aron und Deutschland. Die Verteidigung der Freiheit und das Problem des Totalitarismus* (Thorbecke, 2008), *Im Kampf gegen die modernen Tyranneien. Ein Raymond-Aron-Brevier* (NZZ Libro, 2011). Il a reçu le Prix Raymond Aron en 2006.

Danny Trom est sociologue. Chercheur au CNRS depuis 1997, il est rattaché à l'Institut Marcel Mauss de l'École des hautes études en sciences sociales. Il a récemment publié, en collaboration avec Laurence Kaufmann, *Qu'est-ce qu'un collectif ? Du commun à la politique* (Éditions de l'EHESS, « Raisons Pratiques », 2010).

Index

EUROCLIO – Ouvrages parus

N° 66 – *Raymond Aron, penseur de l'Europe et de la nation.* Giulio De Ligio (dir.), 2012.

N° 65 – *Europe Twenty Years after the End of the Cold War. The New Europe, New Europes? / L'Europe vingt ans après la fin de la guerre froide. Nouvelle Europe, nouvelles Europes ?* Bruno Arcidiacono, Katrin, Milzow, Axel Marion, Pierre-Étienne Bourneuf (eds./dir.), 2012.

N° 64 – *Aux origines de la diplomatie européenne. Les Neuf et la Coopération politique européenne de 1973 à 1980.* Maria Gainar, 2012.

N° 63 – *Europe and the Middle East. The hour of the East?* Birte Wassenberg & Giovanni Faleg (eds.), 2012.

N° 62 – *Quelle architecture pour un code européen de droit international privé ?* Marc Fallon, Paul Lagarde, Sylvaine Poillot-Peruzzetto (dir.), 2011.

N° 61 – *La construction d'un espace euro-méditerranéen. Genèses, mythes et perspectives.* Houda Ben Hamouda et Mathieu Bouchard (dir.), 2012.

N° 60 – *Innovations et transferts de technologie en Europe du Nord-Ouest aux XIX*[e] *et XX*[e] *siècles.* Jean-François Eck et Pierre Tilly (dir.), 2011.

N° 59 – *Novel Outlooks on the Marshall Plan. American Aid and European Re-Industrialization.* Fransceca Fauri & Paolo Tedeschi (eds.), 2011.

N° 58 – *Europe in the International Arena during the 1970s. Entering a Different World / L'Europe sur la scène internationale dans les années 1970. À la découverte d'un nouveau monde.* Antonio Varsori & Guia Migani (eds./dir.), 2011.

N° 57 – *Cultures nationales et identité communautaire. Un défi pour l'Europe ? / National Cultures and Common Identity. A Challenge for Europe?* Marloes Beers & Jenny Raflik (dir./eds.), 2010.

N° 56 – *Les trajectoires de l'innovation technologique et la construction européenne. Des voies de structuration durable ? / Trends in Technological Innovation and the European Construction. The Emerging of Enduring Dynamics?* Christophe Bouneau, David Burigana & Antonio Varsori (dir./eds.), 2010.

N° 55 – *L'OTAN et l'Europe. Quels liens pour la sécurité et la défense européenne ?* Birte Wassenberg, Giovanni Faleg et Martin W. Mlodecki (dir.), 2010.

N° 54 – *The Road Europe Travelled Along.* Daniele PASQUINUCCI and Daniela PREDA (eds.), 2010.

N° 53 – *Vivre et construire l'Europe à l'échelle territoriale de 1945 à nos jours.* Yves DENÉCHÈRE et Marie-Bénédicte VINCENT (dir.), 2010.

N° 52 – *De l'esprit de la Résistance jusqu'à l'idée de l'Europe. Projets européens et américains pour l'Europe de l'après-guerre (1940-1950).* Veronika HEYDE, 2010.

N° 51 – *Le dernier carré. Les charbonniers belges, libres entrepreneurs face à la CECA (1950-1959).* Roch HANNECART, 2010.

N° 49 – *Le « Congrès de l'Europe » à La Haye (1948-2008).* Jean-Michel GUIEU et Christophe LE DRÉAU (dir.), 2009.

N° 48 – *The Road to a United Europe. Interpretations of the Process of European Integration.* Morten RASMUSSEN & Ann-Christina L. KNUDSEN (eds.), 2009.

N° 47 – *L'Europe au cœur. Études pour Marie-Thérèse Bitsch.* Martial LIBERA et Birte WASSENBERG (dir.), 2009.

N° 46 – *Les deux Europes. Actes du IIIe colloque international RICHIE/ The Two Europes. Proceedings of the 3rd international RICHIE conference.* Michele AFFINITO, Guia MIGANI & Christian WENKEL (dir./eds.), 2009.

N° 45 – *Pardon du passé, Europe unie et défense de l'Occident. Adenauer et Schuman docteurs* honoris causa *de l'Université catholique de Louvain en 1958.* Geneviève DUCHENNE et Gaëlle COURTOIS (dir.), 2009.

N° 44 – *From* Détente *in Europe to European* Détente. *How the West Shaped the Helsinki CSCE.* Angela ROMANO, 2009.

N° 43 – *L'Espagne et l'Europe. De la dictature de Franco à l'Union européenne.* Matthieu TROUVÉ, 2008.

N° 42 – *La Méditerranée et la culture du dialogue. Lieux de rencontre et de mémoire des européens/El Mediterráneo y la cultura del diálogo. Lugares de encuentro y de memoria de los Europeos/El Mediterrani i la cultura del diàleg. Punts de trobada i de memòria dels Europeus.* María-Luisa VILLANUEVA ALFONSO (dir./ed.), 2008.

N° 41 – *La France et l'Afrique sub-saharienne, 1957-1963. Histoire d'une décolonisation entre idéaux eurafricains et politique de puissance.* Guia MIGANI, 2008.

N° 40 – *Esquisses d'une Europe nouvelle. L'européisme dans la Belgique de l'entre-deux-guerres (1919-1939).* Geneviève DUCHENNE, 2008.

N° 39 – *La construction européenne. Enjeux politiques et choix institutionnels.* Marie-Thérèse BITSCH, 2007.

N° 38 – *Vers une eurorégion ? La coopération transfrontalière franco-germano-suisse dans l'espace du Rhin supérieur de 1975 à 2000.* Birte WASSENBERG, 2007.

Réseau européen Euroclio

avec le réseau SEGEI

Coordination : Chaire Jean Monnet d'histoire de l'Europe contemporaine (Cehec)
Collège Erasme, 1, place Blaise-Pascal, B-1348 Louvain-la-Neuve

Allemagne
- Jürgen Elvert
- Wilfried Loth

Belgique
- Julie Cailleau
- Jocelyne Collonval
- Yves Conrad
- Gaëlle Courtois
- Pascal Deloge
- Geneviève Duchenne
- Vincent Dujardin
- Michel Dumoulin
- Roch Hannecart
- Pierre-Yves Plasman
- Béatrice Roeh
- Corine Schröder
- Caroline Suzor
- Pierre Tilly
- Arthe Van Laer
- Jérôme Wilson
- Natacha Wittorski

Espagne
- Enrique Moradiellos
- Mercedes Samaniego Boneu

France
- Françoise Berger
- Marie-Thérèse Bitsch
- Gérard Bossuat
- Éric Bussière
- Jean-François Eck
- Catherine Horel
- Philippe Mioche
- Marine Moguen-Toursel
- Sylvain Schirmann
- Matthieu Trouvé
- Laurent Warlouzet
- Emilie Willaert

Hongrie
- Gergely Fejérdy

Italie
- David Burigana
- Elena Calandri
- Eleonora Guasconi
- Luciano Segreto
- Antonio Varsori

Luxembourg
- Charles Barthel
- Etienne Deschamps
- Jean-Marie Kreins
- René Leboutte
- Robert Philippart
- Corine Schröder
- Gilbert Trausch

Pays-Bas
- Anjo Harryvan
- Jan W. Brouwer
- Jan van der Herst

Pologne
- Józef Laptos
- Zdzisiaw Mach

Suisse
- Antoine Fleury
- Lubor Jilek